信心銘

금아혜국金牙慧國

혜국 스님은 제주에서 태어나 1962년 해인사로 출가해 일타 스님을 은사로 득도했다. 경봉, 성철, 구산 스님 회상에서 수행정진하면서 해인사, 송광사, 봉암사 등 제방 선원에서 수십 안거를 성만 했다. 빈터만 남은 충주의 폐사지에 석종사를 창건했다. 현재 석종사 금봉선원장으로 주석하며 수행납자와 재가수행자들을 정진의 길로 이끌고 있다.

신심명 몰록 깨달음의 노래

초판1쇄 발행 2015년 6월 19일
초판6쇄 발행 2021년 3월 3일

지은이 | 혜국
펴낸이 | 남배현

책임편집 | 박석동

펴낸곳 | 모과나무
등록 | 2006년 12월 18일 (제300-2009-166호)

주소 | 서울시 종로구 삼봉로 81 두산위브파빌리온 232호
전화 | 02-720-6107~9
전송 | 02-733-6708
구입문의 | 불교전문서점 향전(www.jbbook.co.kr), 전화 02-2031-2070~1

디자인 | ㈜끄레 어소시에이츠

ISBN 978-89-959490-7-8 03220

이 도서의 국립중앙도서관 출판예정도서목록(CIP)은
서지정보유통지원시스템 홈페이지(http://seoji.nl.go.kr)와
국가자료공동목록시스템(http://www.nl.go.kr/kolisnet)에서
이용하실 수 있습니다.(CIP제어번호: CIP2015014859)

**모과
나무** 모과나무는 (주)조계종출판사의 단행본 브랜드입니다.
지혜의 향기로 마음과 마음을 잇습니다.

신심명 信心銘

몰록 깨달음의 노래

혜국 스님 강설

모과
나무

꽃씨가 비록 땅을 인연하여

땅 위에 씨앗이 꽃을 피우나

꽃씨는 나는 성품이 없나니

땅에도 또한 남이 없다

花種雖因地　地上種花生

花種無生性　於地亦無生

중도연기를 깨달아 마음의 눈을 떠라

부처님께서 이 지구라는 별에 오셔서 평생을 가르친 내용이 중도연기中道緣起입니다. 부처님은 생명이 있는 마지막 순간까지 오직 중생을 위한 길을 걸었습니다. 그 가르침의 내용을 한마디로 요약한다면 중도 즉, 중도연기입니다.

그 중도연기를 가장 간단명료하게 보여주신 내용이 바로 이 《신심명信心銘》입니다. 그래서 옛 스승들은 《신심명》을 바로보면 중도연기를 바로보는 길이라고 하셨던 것입니다. 그 만큼 《신심명》을 귀하게 생각하셨고 수행자라면 누구나 《신심명》을 외우도록 했습니다.

성철性徹(1912~1993) 스님은 《신심명》에 대하여 "부처님께서 한평생 말씀하신 우주 대진리 중도연기를 이렇게 간결한 언어로 간단명료하게 설명할 수 있다는 것이 실로 놀라운 일이다. 중도에 대해서 《신심명》보다 더 잘 설명할 수는 없다"라고 찬탄하며 '중도총론中道叢論'이라고 했습니다.

《신심명》은 여덟 자씩 해서 73구절밖에 안됩니다. 물론 누락되었다는 한 구절까지 하면 74구절입니다. 그런데 이 짧은 글 속에 부처님의 가르침이 모두 다 들어 있다는 사실이 쉽게 믿어지지 않습니다.

한 방울 물이 영원히 마르지 않는 길은 바다에 떨어지는 것입니다. 나라고 하는 한 방울 물이 바다가 되는 길, 그 길이 바로 《신심명》입니다. 바다로 가는 과정이 아니라 바다 그 자체를 보여준 어록語錄입니다. 그 바다를 우리는 '지극한 도' 또는 '부처'라고 이름합니다.

그러기에 '지극한 도는 어렵지 않음이라'고 하는 신심명 첫 구절부터가 불평등에서 평등으로 가는 길이요, 구속에서 해탈하는 인간 해방 선언입니다. 지금 내가 서 있는 이 자리가 완벽한 부처, 영원한 평화라는 가르침입니다. 이렇게 심오한 가르침에 동참해보는 것만으로도 큰 행운이 아닐 수 없습니다. 한 구절 한 구절이 도道 자체를 그대로 보여주고 있기 때문입니다.《신심명》

을 지은 삼조승찬三祖僧璨(?~606) 대사는 도와 하나가 된 분이기에 가능한 일입니다.

그러나 천하에 밝은 보름달이 온 강물을 다 비추어도 흐린 물에는 비추지 못합니다. 이러한《신심명》의 깊은 진리도 어지러운 마음, 번뇌 망상이 가득한 마음에는 들어가기가 어렵습니다. 한두 번 보고 모두 이해하기를 바라기보다는 이 책을 가까이 두고 보면서 발심하고 재발심하는 공부 인연이 되었으면 합니다.

부득이한 인연으로《신심명》을 강설하고 책으로 내게 되었습니다. 허물이 많은 줄 압니다. 머리 숙여 절하오며 많은 경책바랍니다.

석종사 금봉선원에서

혜국慧國

몰록 깨달음의 노래

《신심명》은 지금으로부터 1400년 전 선종禪宗의 제3대 조사祖師인 승찬 대사께서 지은 선어록입니다. 천 년도 훌쩍 넘은 그 시절, 이처럼 아름다운 글이 지금까지 전해진다는 것 자체가 경이롭고 다행한 일이 아닐 수 없습니다.

신심명의 신심信心은 믿는 마음입니다. 불자로서의 신행생활을 어떻게 해야 하는지를 말하는 것이 아닙니다. 생각을 일으키는 자와 그 대상이 둘이 아니라는 사실을 깨달은 세계 즉, 전체로서의 믿음입니다. 부처님이 깨닫고 평생을 가르친 내용이 중도연기입니다. 이 중도연기를 분명히 알고 깨닫는 것 즉, 마음의 눈을 뜨는 것이 여기서 말하는 '믿는 마음'입니다.

그리고 명銘은 자기 자신을 경계하거나 남의 업적 또는 사물의 내력을 찬양하는 것을 운韻을 넣어 네 글자씩 서술하는데 이것을 금석金石·기물器物·비석碑石 등에 새기는 한문 문체를 말합니다.

《신심명》은 우리들이 수행하면서 새겨야 하는 몰록 깨달음의 노래를 사언절구四言絶句의 시문詩文으로 남겨 놓은 것입니다.

신심명의 구성과 주요 내용

《신심명》은 여덟 자씩 하면 73구절밖에 안됩니다. 누락되었다는 한 구절까지 하면 74구절입니다. 이 강설에서는 여덟 자씩 대구를 이루어 열여섯 자를 묶어 하나의 장으로 하였습니다.

이 짧은 글 속에 부처님이 설하신 모든 법문이 들어 있습니다. 쉽게 믿기 어려운 일입니다. 선불교의 일천칠백 공안의 격외도리格外道理가 다 갖추어져 있고, 팔만대장경의 심오한 불법도리도 빠짐없이 들어 있습니다. 그래서 《신심명》은 그 자체로 귀한 어록입니다.

《신심명》의 근본 골자는 양변兩邊을 여읜 중도에 입각해 있습니다. 미워함과 사랑함, 거슬림과 따름, 옳고 그름과 같은 상대개념은 우리 중생들이 일상생활에서 끊임없이 부닥치고 일어나는 것들입니다. 이것으로 말미암아 중생의 삶을 벗어나지 못하고 해탈과 열반의 지견으로 들어가지 못하고 있습니다. 《신심명》은 이러한 상대개념을 떠난 중도와 연기의 가르침을 간명하게 보여줍니다.

삼조 승찬대사의 삶과 수행

중국에 선禪이 전래된 것은 인도의 달마 스님으로부터입니다. 그래서 선의 역사를 말할 때 초조달마初祖達摩(?~536)로 시작해서 이조혜가二祖慧可(487~593), 삼조승찬, 사조도신四祖道信(580~651), 오조홍인五祖弘忍(601~675), 육조혜능六祖慧能(638~713)으로 이어집니다. 이것이 조사의 법통입니다.

삼조승찬 대사는 본래 대풍질大風疾이라는 큰 병에 걸렸었는데 오늘날의 문둥병입니다. 스님은 문둥병에 걸려 죽을 고생을 하다 북제北齊 천평天平 2년(535년)에 이조혜가 대사를 찾아가 자기의 이름도 말하지 않고 불쑥 물었습니다.

"제자는 문둥병을 앓고 있습니다. 스님께서는 저의 죄를 참회케 하여 주십시오."

"그대의 죄를 가져오너라. 죄를 참회시켜 주리라."

잠시 시간이 흘렀습니다.

"죄를 찾아보아도 찾을 수가 없습니다."

"그렇다면 그대의 죄는 모두 참회되었느니라. 그대는 그저 불佛·법法·승僧에 의지하여 머물러라."

"이제 스님을 뵙고서 승보僧寶는 알았으나 어떤 것을 불보佛寶와 법보法寶라 합니까?"

"마음이 부처요 이 마음이 법이니라. 법과 부처는 둘이 아니다. 승보 또한 그러하니 그대는 알겠는가?"

"오늘에야 비로소 죄의 성품은 마음 안에도 밖에도 중간에도 있지 않음을 알았으며, 마음이 그러하듯 불보와 법보도 둘이 아님을 알았습니다."

혜가 대사는 그가 법기法器임을 알아 매우 기특하게 여겨 바로 머리를 깎아주고는 말했습니다.

"너는 나의 보배이니 구슬 찬璨 자를 써서 승찬僧璨이라 하라."

그해 3월 18일 복광사福光寺에서 구족계具足戒를 받고 그로부터 병이 차츰 나아져서 2년 동안 혜가 대사를 시봉하였습니다. 시봉한 지 2년이 지나자, 혜가 대사가 말했습니다.

"보리달마 대사가 멀리 인도에서 오셔서, 정법안장正法眼藏과 가사袈裟를 신표로서 비밀리에 나에게 전하셨는데, 내가 이제 너에게 준다. 너는 잘 지켜서 끊어지지 않게 하여라. 나의 게송을 들어라."

본래 땅이 있는 인연으로
땅으로부터 씨앗이 꽃을 피우니
만약 본래 땅이 없다면
꽃이 어느 곳으로부터 피어나리오
本來緣有地 從地種花生
當本元無地 花從何處生

승찬 대사는 어느 곳 사람인지 알 수 없습니다. 대풍질을 앓고 있었으니 철저하게 홀로 지내오다 혜가 대사를 만난 것입니다. 게다가 후주後周 무제武帝가 불교를 탄압하여 서주舒州의 환공산皖公山에 숨어 살고, 다시 태호현太湖縣에 있는 사공산司空山으로 숨어들어 이곳저곳 머물며 평생을 은거하여 지냈습니다. 그래서 승찬 대사를 알아보는 사람이 없었습니다.

나중에 수隋 문제文帝 개황開皇 13년(593년)에 14세의 어린 사미 도신道信이 승찬 대사를 찾아와 절하고 말했습니다.

"스님께서 자비를 베푸시어 해탈 법문을 들려주십시오."

"누가 너를 묶었느냐?"

"묶은 사람은 없습니다."

"어찌 다시 해탈을 찾느냐?"

도신은 말 끝에 크게 깨달았습니다. 그 뒤 개황 20년(600년) 무렵에 승찬 대사는 도신이 무르익은 것을 알고는 의법衣法을 부촉咐囑하고 게송을 하였습니다.

꽃씨가 비록 땅을 인연하여
땅 위에 씨앗이 꽃을 피우나
꽃씨는 나는 성품이 없나니
땅에도 또한 남이 없다
花種雖因地 地上種花生
花種無生性 於地亦無生

승찬 대사가 다시 말했습니다.

"옛날 혜가 대사께서 나에게 법을 주시고, 뒤에 업도鄴都로 가서 교화를 행하시다가 30년 뒤에 열반하셨다. 이제 내가 너를 얻었으니, 어찌 여기에 머물러 있겠느냐?"

곧 광동성의 나부산羅浮山으로 가서 은거하였으며, 도신은 이때부터 홀로 수행하였습니다. 승찬 대사는 그 뒤 다시 환공산의 산곡사山谷寺로 돌아와 불법을 전했습니다. 수 양제煬帝 대업大業 2년(606년) 10월 5일, 사부대중을 위하여 심요心要를 자세히 설한 뒤, 법회하던 큰 나무 밑에서 합장한 채 서서 입적入寂했습니다.

그때 사람들이 묘를 써서 스님을 모셨는데, 훗날 이상李常이라는 사람이 산곡사에 승찬 대사의 묘가 있음을 알고는 가서 화장하여 사리 3백 과를 얻었다고 합니다.

승찬 대사는 본래 대풍질을 앓았기 때문에 병이 나은 후에도 머리카락이 하나도 나지 않아서 붉은 대머리라는 뜻으로 적두찬赤頭璨이라는 별명으로 불렸습니다.

승찬 대사가 돌아가신 지 150여 년 뒤, 당唐 현종玄宗이 감지선사鑑智禪師라 시호하였고, 탑호를 각적覺寂이라 했습니다.

신심명을 공부하는 이유

제가 젊은 시절 해인사에서 연비燃臂 할 때 몇 생을 다시 태어나도 오직 스님의 길을 가겠노라고 발원했습니다. 《신심명》이나 《육조단경六祖壇經》과 같은 진리의 가르침에서 벗어남이 없는 길, 깨달음의 말씀을 들을 수 있는 길을 가겠노라고 간절히 발원했습니다. 그때까지 제가 본 철학이나 습득한 지식이 얼마되지 않지만, 모두 우리 생각의 범위를 벗어나지 못하는 내용이었습니다.

우리의 삶을 보면 생각의 한계를 벗어나기가 어렵습니다. 생각의 감옥을 벗어나는 일이 거의 없습니다. 그러다 보니 생각이

라는 감정이 우리를 끌고 다닙니다. 누가 생각을 일으키는지 참
나를 모르기 때문에 생각의 한계를 뛰어넘기가 어려울 수밖에
없습니다. 내가 내 자신의 습관을 익혀놓고 그 습관에 중독되어
업業이 되면 그 업이 나를 끌고 다니게 됩니다. 감정의 노예가 되
어 주인과 종이 바뀌는 겁니다. 그 생각의 감옥을 벗어나기 위
하여 스님의 길을 가겠다고 발원을 했던 겁니다. 그러한 생각은
《금강경金剛經》을 통해서 일어났습니다.

　무릇 상이 있는 바 다 허망하니
　만일 모든 상이 상이 아님을 본다면
　여래를 보리라
　凡所有相 皆是虛妄 若見諸相非相 卽見如來

　눈으로 보고 귀로 듣고 입으로 말하는 세계, 내 감정에서 일
어나는 모든 세계가 모두 부처의 자리에서 나오고 있다는데, 과
연 부처란 어떤 경지인지 그게 너무도 궁금했습니다.
　우리의 인식은 눈과 귀, 코와 입, 그리고 몸과 의식이라는 육
근六根과 그 대상인 육진六塵, 그 사이 분별식인 육식六識을 통
해 이루어집니다. 육근이 주관이라면 육진은 객관입니다. 육근
과 육진이 만나면 육식이라는 이 세계가 생기는데 이를 십팔계
十八界라고 합니다. 이러한 십팔계, 즉 이 세계가 창조되는 제법

무아諸法無我의 원리, 그게 바로 부처입니다.

그것을 《금강경》에선 약견제상비상若見諸相非相이면 즉견여래
卽見如來라고 했습니다. 모든 형상 속에서 형상 없는 본질을 보
면 바로 부처를 보는 것이라는 의미인데 그 당시에는 도무지 이
해가 안됐습니다.

'나'라고 하는 독립된 존재가 없고 모두가 연기공성緣起空性이
라는 사실을 몰랐던 것이지요. 고민 끝에 초기경전인 《아함경阿
含經》을 보기로 마음먹었습니다.

연기를 보는 자는 법을 보고
법을 보는 자는 연기를 보느니라
緣起見者 法見 法見者 緣起見

그런데 여기서도 연기법緣起法을 모르는 거예요. 연기법이란
내가 있음으로 인해서 네가 있고 네가 있음으로 해서 내가 있다
는 것으로, 다른 말로 표현하면 이것이 있으면 저것이 있고此有
故彼有, 이것이 없으면 저것도 없으며此無故彼無, 이것이 생기면 저
것이 생기며此生故彼生, 이것이 없어지면 저것도 없어진다此滅故
彼滅는 말입니다.

그럼 '이것'이라고 하는 것을 한번 봅시다. '이것' 안에 이것저
것이 서로 나뉘어 있고, 이것이라는 생각 안으로 들어가보면 팔

만사천 번뇌가 이것저것으로 서로 나뉘어 '이것'이라고 할 것이
따로 없습니다. 이것 안에 이것과 저것이 수천 수만으로 나누어
지니까 이해가 안 가는 겁니다.

그런 생각을 하고 나니, 도대체 나라는 사람은 연기법을 도무
지 알 수 없는 사람인가 하는 막막한 마음까지 일었습니다. 그런
데 부처님 경전을 배우려면 좋으나 싫으나 그냥 쭉 읽어야 했습
니다. 당시 학인들은 강의를 듣기 전에 일단 외워야 했습니다.

그러니 《금강경》 사구게四句偈도 모른 채, 《원각경圓覺經》을 보
게 되었지요.

무한한 허공이 나의 깨달음에 나타난 것
無邊虛空 覺所顯發

이 구절도 도대체 무슨 말인지 모르겠더군요. 다시 《열반경涅
槃經》으로 가봤는데 이것 또한 모르기는 마찬가지였습니다.

모든 것이 변하지 않음이 없나니
일체가 생멸법이라 나고 죽는 법이니
생멸 그 자체가 사라지면
영원한 열반락이라

 반면에 그때까지 제가 배운 학문은 지동설地動說 아니면 천동
설天動說이었습니다. 폴란드의 천문학자인 코페르니쿠스Nicolaus
Copernicus(1473~1543)가 지동설을 주장하고 난 다음에 이탈리
아의 천문학자인 갈릴레이Galileo Galilei(1564~1642)가 이를 다
시 주장하니, 지금은 지동설을 모두 진실로 알고 있습니다.

 그런데 불교에서는 지동설과 천동설이 아니라 전동설全動說입
니다. 우주 전체가 유기적으로 돌아간다는 제행무상諸行無常이
바로 그것입니다. 모든 모양 있는 것은 모두 다 쉼 없이 움직이고
있고, 그 말은 일체가 다 변하고 있다는 뜻입니다. 달은 지구를
돌고 지구는 태양 주위를 돌고 있습니다. 그런데 지구는 그런 와
중에서도 자전과 더불어 공전을 하고 있고, 우리는 축구공 같은
동그란 곳에 거꾸로 매달려 천야만야千耶萬耶한 허공 속을 돌고
있습니다.

 그렇게 지구는 우리를 태우고 스스로 돌면서 태양계를 돌고
태양계는 은하계를 돌고 있다는 생각을 하니 지동설이니 천동
설이니 하는 것은 매우 국한적이라는 생각이 들었습니다. 제행
무상이야말로 절에서만 배울 게 아니라 초등학교, 중학교, 고등
학교 모든 과정에서 배워야 합니다. 초등학교 때부터 지동설에
국한시키지 말고 전동설을 배워야 앞으로 우주과학이 발전할

수 있을 것입니다.

　그러나 이 생각도 생각일 뿐 변해가는 존재 원리 근본자리로 돌아가면 '영원한 평화'라는 중도연기는 여전히 알 수 없었습니다. 그래서 이제 《법화경法華經》을 보았습니다.

　이 세상의 모든 것은 본래
　스스로 고요하고 청정함으로
　우리가 이와 같이 깨달으면
　바로 부처를 이룰 것이다.
　諸法從本來 常自寂滅相
　佛子行道已 來世得作佛

　즉, 우리 눈으로 보는 세계가 눈으로 봐서 그렇지 마음의 눈으로 보면 그대로가 부처다, 그냥 있는 그대로 모두가 진리다, 이런 이야기가 나오는데 이건 더 모르겠더군요. 그래서 마지막으로 《화엄경華嚴經》을 봤습니다.

　어떤 사람이든지 과거, 현재, 미래의
　모든 부처님을 알고자 한다면
　마땅히 법계의 성품을 비춰 관찰할지니
　일체의 모든 것이 마음으로 이루어졌나니

일체 눈에 보이는 것만이 아니라 생각할 수 있는 것도 모두 내 마음이 만들어낸 것인 만큼 일체 우주 만물이 마음의 그림 자일뿐 고정된 실체가 하나도 없다는 뜻인데, 이건 더욱 어려웠 습니다.

결국《신심명》에서 강조하는 중도연기를 깨달아야 한다는 생 각, 즉 마음의 눈을 떠야 되겠다는 생각이 들었습니다. 그로부 터 수십 년이 흐른 지금 돌아보면 어느 가르침 하나 중도연기 아닌 게 없었습니다. 그래서 지금까지의 모든 내용들을 정리해 보면 연기법을 바로 알아야 한다는 겁니다. 그 가운데서 중도연 기를 명료하게 정리해 준 것이《신심명》이었습니다. 그러니 마음 의 눈을 뜨겠다는 자세로《신심명》의 중도연기를 배워봅시다.

차례

至道無難 唯嫌揀擇
지도무난 유혐간택

但莫憎愛 洞然明白
단막증애 통연명백

지극한 도는 어렵지 않음이라
다만 간택함을 꺼릴 뿐이니

미워하고 사랑하지만 않으면
통연히 명백하니라

해방 선언이요, 대자유의 선언

至道 / 지극한 도는 원융무애하여 안팎이 없다

"지도무난至道無難이요 유혐간택唯嫌揀擇이니." 지극한 도는 어렵지 않음이라 다만 간택함을 꺼릴 뿐이다,《신심명》첫 구절이며 《신심명》대의가 다 들어있는 구절입니다. 그만큼 중요한 구절입니다. 그런 만큼 '지극한 도'에 대해서 가능한 할 수 있는 데까지 정리를 하고 넘어갈 수 있으면 좋겠습니다.

그런데 지극한 도는 따로 있는 것이 아닙니다. 말로 표현하려니 부득이 지극한 도라고 했을 뿐, 도에는 지극한 도니 평범한 도니 그런 명칭이 붙을 수 있는 자리가 아닙니다. 그러나 지극한 도에 대한 정견正見이 없이는《신심명》을 배워나갈 수가 없기 때문에 부질없는 설명을 할 수밖에 없습니다. 글이란 말을 다 표현할 수 없지만 말은 글이 아니면 뒷사람에게 전할 수 없고 말로서는 뜻을 다 전할 수가 없지만 뜻은 말이 아니면 드러내지 못하기 때문입니다.

물속에 사는 물고기는 물이 지극한 물입니다. 물고기와 물은 분리될 수 없으니까요. 물고기와 물은 한 몸입니다. 그래서 물고기 눈에는 물이 보이지 않고, 허공으로 보입니다. 우리가 배우려는 지극한 도 또한 그와 같습니다.

우리도 도 속에 있습니다. 깊이 생각해 보아야 할 말입니다.

우리가 이미 도 속에 있다는 말을요. 도와 내가 둘이 아니라는 말입니다. 그런데 도에는 안과 밖이 없습니다. 원융무애圓融無碍하기 때문에 안팎이 있을 수가 없습니다. 그냥 본래의 나입니다. 그래서 삼조승찬 스님은 지극한 도는 어렵지 않다고 하는 겁니다. 그렇게 말씀하신 깊은 뜻을 알아야 합니다.

도에서는 물과 허공이 다르지 않을뿐더러 일체一切가 원융무애합니다. 삼조승찬 스님은 지극한 도가 삶이 되었기에 이런 말이 자연스럽게 나오는 겁니다. 지극한 도는 사람 사람마다 온전히 갖추어 있음을 보았기 때문입니다.

그래서 눈 밝은 스승들은 사족蛇足을 붙이고 설명하는 일을 하지 않습니다. 왜냐면 설명하는 일이 중생을 위하는 길이 아님을 너무나 잘 알기 때문입니다. 그런데 현대인들은 이해가 되지 않으면 아예 수행하려는 마음을 내지 않기 때문에 부득이 이렇게 허물을 안고 들어가고 있습니다.

거듭 말씀드리지만 도는 이해의 문제가 아니고 직접 체험해서 자기 삶이 되어야 하는 일입니다. 지극한 도는 도에 대해서 체험한 만큼 즉 믿는 만큼 보입니다. 요즈음 말로 아는 만큼 보이는 겁니다. 여기서 말하는 믿음은 맹목적인 믿음이 아니라 정견, 즉 바른 믿음입니다. 우리 모두가 본래 부처임을 바로 믿는 겁니다. 모자라서 보태거나 없는 것을 새로 만드는 게 아니라 본래 원만 구족함을 바로 보는 정견을 말합니다. 흐린 물은 가라앉은 만큼 보입니다. 고요한 만큼만 비추니까요. 고요를 체험해 보세요.

먼저 우리 육신에 대해서 살펴보겠습니다. 우리들 각자가 자신의 몸을 가지고 생각해 봅시다. 얼마 전 저는 아주 귀여운 아기 돌 사진을 보게 되었습니다. 고추를 다 내어놓은 채로 찍은 아기 사진인데 엄청 귀엽게 생겼습니다. 그런데 그 사진이 바로 내 어릴 때 모습이라는 겁니다. 저는 열세 살에 출가했기 때문에 어릴 적 사진을 볼 기회가 별로 없었습니다. 그러니까 회갑이 다 지나서 보는 돌 사진이 누군지 알 수가 없지요. 본인이 본인인 줄 모르는 겁니다.

여기에 돌 사진과 10대, 20대, 30대, 환갑 지난 사진을 펴놓고 보면 어느 모습이 나입니까? 모두 내 사진이라지만 다 내가 아닙니다. 전혀 다른 모습이 되어 있으니까요. 마치 얼음으로 정성 들여 잘 조각해 놓은 조각상을 햇볕에 내놓으면 살살 녹아가는 모습과 우리가 늙어가는 모습이 전혀 다르지 않습니다.

결국 육신으로서의 나는 변해가는 과정일 뿐입니다. 변해가는 모습에 무슨 고정된 실체가 있겠습니까. 계속 쉼 없이 변해가는 것은 내 모습만이 아닙니다. 일체 삼라만상森羅萬象 모두가 변해가는 과정에 있을 뿐입니다. 고정된 실체가 없다는 이 사실을 분명히 바로 보는 것, 이것을 바른 믿음이라고 합니다.

여기에서 더 나아가 변해가는 원인과 결과 즉 연기법을 분명히 바로 보고 바로 행하는 것을 정견이라고 합니다. 이러한 원리를 제행무상, 제법무아라고 하며, 유혐간택이라고 할 때 간택할 실체가 없다는 겁니다. 실체가 없는 그림자를 두고 좋다 나쁘다, 옳다 그르다고 하는 것은 어리석은 일입니다. 그러니 지극한 도는 간택함을 꺼린다는 깊은 뜻을 바로 볼 수 있어야 합니다.

공간적으로 살펴봐도 또한 그렇습니다. 이 앞에 앉아 있는 사람이 내 입장에서는 남쪽에 앉아 있습니다. 그러나 저 뒤에 계신분이 볼 때는 북쪽에 앉아 있는 게 분명합니다. 남쪽이니 북쪽이니 하는 것은 나를 기준으로 하는 것일 뿐 내가 없으면 동서남북 또한 없습니다.

서울 조계사에서 볼 때는 제가 살고 있는 충주 석종사가 남쪽에 있지만 부산에서 보면 북쪽에 있다고 합니다. 서울에서는 남쪽이 맞고 부산에서는 북쪽이 맞습니다. 양쪽 다 맞다는 것은 양쪽 다 틀렸다는 말과 같습니다.

이와 같은 모순을 뛰어 넘어 맞다 틀리다, 너다 나다 하는 상대성 양변을 모두 초월하여 원융무애한 이치를 지극한 도라고 이름한 겁니다. 중도를 말하는 겁니다.

결국 지극한 도를 바로 보기 위해서는 증애심憎愛心인 양변을 초월해야 합니다. 양변을 뛰어넘는다고 해서 뛰어넘은 세계가 따로 있는 게 아닙니다. 양변이 없어지면 가운데라는 개념도 저절로 사라집니다.

한국에 있는 집이나 북한에 있는 집이나 집을 허물어 버리면 꼭 같은 허공이 됩니다. 남이니 북이니 자체가 없고 한국이니 북한이니 하는 이름도 없어집니다.

문제는 동서남북이니 너니 나니 하는 모든 이름을 인간들이 마음대로 붙여놓은 이름이지 저들이 정해달라고 해서 만들어진 이름이 아닙니다. 그냥 한 허공일 뿐입니다. 그렇게 된 삶을 '중도의 삶'이라고 하고 '지극한 도'라고 이름을 붙인 것입니다. 간택할 실체가 없는 것을 본인이 스스로 있다고 착각하는 겁니다. 그러니 본인이 착각에서 깨어나는 수밖에 없습니다.

憎愛 / 간택심과 증애심을 버려야

자연과 인간과의 관계에서 한 번 더 사족을 붙여보겠습니다. 아침마다 떠오르는 해는 그 태양빛을 누구에게나 똑같이 비춥니다. 잘난 사람, 못난 사람 할 것 없이 남녀노소는 물론 동식물이나 곤충들에게도 완전 평등입니다. 크다 작다, 좋다 나쁘다 하는 차별이 전혀 없습니다. 양변이 없이 그냥 중도입니다.

태양빛만이 아니라 공기도 잘난 사람이라고 더 주고 못난 사람이라고 적게 주는 법이 없습니다. 똑같이 준다는 생각도 없이 조건 없이 그냥 주고 있지 않습니까. 여기에 어찌 너니 나니, 사람이니 짐승이니 하는 분별이 있겠습니까. 그냥 원융무애라, 중도 속에 있건만 그걸 바로 보지 못하고 착각하고 있으니 이제라도 바로 봐야 한다는 것입니다.

이렇게 태양도 공기도 물도 대지도 온 자연이 일체 모든 생명에게 평등하게 대할 뿐 아니라 평등 그 자체입니다. 그런데 사람들은 온갖 불평등 속에서 심한 갈등을 겪습니다.

그 원인이 무엇이겠습니까. 이런 사실을 사실대로 바로 보지 못하는 원인이 간택심 때문이요, 증애심 때문이니 '단막증애但莫憎愛하면 통연명백洞然明白이라'고 하는 것입니다. 다만 증애심만 놓아버리면 대자유라는 겁니다.

온 우주자연이 생명을 온전히 떠받들고 있건만 인간들은 스스로 만든 욕망, 그 욕망에서 온 조그만 손님이 온통 주인 노릇하고 있습니다. 인간들이 비교하고 경쟁하는 심리는 매우 심각합니다. 누구든지 집이 없던 사람이 처음으로 집을 장만하여 30평 아파트로 이사갈 때는 얼마나 좋아하고 행복해 하는지 모릅니다. 그런데 경쟁자인 동창생이 50평 아파트로 이사 갔다는 얘기를 듣는 순간 자신의 30평 아파트는 형편없이 작아 보이고 불평이 시작됩니다. 행복해 하던 분명 그 아파트건만 한 생각 일으킴으로 인해서 형편없는 아파트가 되어버린 것입니다. 결국 생각일으키는 그 마음따라 이 세상은 창조되고 멸하기를 반복하고 있습니다.

사랑하고 미워하는 이 생각이 나오는 자리, 사랑과 미움이 둘이 아닌 그 자리를 바로 보면 통연명백입니다. 우리 본질인 연기 공성으로서의 참나에는 미워하고 사랑하는 것이 따로 없습니다. 그래서 지극한 도는 어렵지 않나니 오직 간택함을 꺼릴 뿐이라고 했고, 미워하고 사랑하는 증애심만 놓아버리면 통연명백하니라 했습니다.

그러나 증애심에서 벗어나는 길이 그리 쉽지 않습니다. 꿈꾸고 있는 사람은 꿈속 일을 사실로 받아들이니까요. 아는 것만 가지고는 안 됩니다. 다시 말해, 이해한다는 것은 생각으로는 가능하지만 자신의 삶이 되지는 못합니다. 증애심이 끊어진 원융한 공간, 나라는 벽이 없다는 사실을 실참실구實參實究하여 직접 체험해야만 합니다. 통연명백함을 생각으로 아는 것을 지식이라 하고 통연명백이 되는 것을 수행이라고 합니다. 지식은 기억하는 것이고 수행은 직접 체험하여 자기 삶이 되는 겁니다. 익히고 습득하는 기술의 체험이 아니라 비우고 비워서 쉬고 또 쉬는 고요의 체험을 말합니다.

여기서 말하는 고요는 성성적적惺惺寂寂을 말하는데 나의 본래 고향이며 본래 모습입니다. 성성적적은 연습해서 새로 만드는 것이 아니라 완벽한 본래 자기 모습입니다.

제가 외국 스님들하고 송광사松廣寺에서 참선을 할 때였습니다. 7개국 스님들이 같이 모여 살 때인데 어느 나라 스님인가 내

게 와서 이런 질문을 했습니다.

"스님은 부처님을 만난 일이 있습니까?"

"그럼요, 매일 만납니다."

"그러면 내일도 만날 겁니까?"

"예, 물론이지요."

"그러면 내일 부처님을 만나거든 왜 우리 앞에는 나타나지 않느냐고 물어봐주십시오."

"예, 그러지요."

꼭 물어봐 달라고 강조하면서 나가는 그 스님 뒤를 쳐다보면서 사실 우리는 부처님을 만나는 게 아니라 늘 같이 살고 있는 건데 어떻게 설명해야 하나 하는 생각을 했습니다. 뒷날 찾아와서 물어봤냐 하기에 물어봤다고 그랬지요.

"부처님께서 자네들 찾아가려고 통화했더니 자네들은 24시간 하루 종일 통화 중이라서 통화가 안 되더랍디다."

그랬더니 외국 스님들이 상당 부분 정말 그렇다고 긍정하는 겁니다. 사실 그렇습니다. 우리는 하루 24시간 중 꽤 많은 시간을 번뇌 망상, 온갖 잡생각 하느라고 자신을 내팽개치고 있습니다.

'고요'라는 본모습인 자기 자신을 지키는 시간이 많지 않습니다. 이런 하루가 쌓여 일 년이 되고 일생이 됩니다. 한평생이라는 삶을 냉철하게 돌아보면 내 감정에 끄달려 다니느라 보낸 인생이지 내가 누구인지, 참나는 오늘 어디로 가고 있는지 아는 인생이 아닙니다. 내 자신을 잘 지켜 주인으로서 보낸 시간은 얼마 되지 않는다는 사실을 인정하게 됩니다. 자기 자신을 잘 지켜서 주인이 주인 노릇한 시간을 고요의 체험이라고 합니다.

그렇다고 지켜야 할 내가 따로 있는 게 아닙니다. 단막증애하면 바로 그 자리입니다. 바람이 없으면 파도는 그대로 바닷물이기 때문입니다.

저는 젊은 시절 한창 수행할 때 망상이라는 파도 자체를 없애려고 많은 갈등과 시간 낭비를 했습니다. 파도가 바닷물이라는 이치를 몰랐기 때문입니다. 시간을 낭비한다는 것은 인생을 낭비한다는 얘기요, 인생을 낭비한 죄는 죄 중에도 큰 죄에 들어갑니다. 인생에 있어서 가장 슬픈 일 가운데 하나는 가장 가치있는 일이 무엇인가를 너무 늦게 안다는 사실입니다.

삶에 있어서 가장 중요한 일이 내 자신을 다스리는 일이라는 사실을 알았을 땐 이미 늙어 버렸다는 현실이 얼마나 한스러운 일입니까. 이 말은 옛부터 내려오는 고인의 말씀입니다. 그렇기 때문에 단막증애하면 통연명백하는 일이 얼마나 소중한 일인가를 알아야 합니다.

다만 사랑하고 미워하는 증애심이라고 표현했지만 이 말 속에는 이 세상 모든 상대성과 모든 갈등이 다 들어 있습니다. 있다없다, 옳다 그르다, 너다 나다 하는 모든 시비를 다 포함하고 있는 아주 함축된 언어입니다.

한 생각 일어나면 이미 증애심입니다. 《금강경》에 나오는 응무소주應無所住 이생기심而生其心, 머무는 바 없이 그 마음을 낼 때만이 단막증애가 되는 시간입니다. 그 길은 단막但莫, 즉 몰록이라야 합니다.

그래서 《신심명》은 짧은 글이지만 그 내용은 중도 총론이라고 하는 겁니다. 그리고 단막증애하면 통연명백하는 도리는 알아도 되고 몰라도 되는 일이 아니라 언젠가 반드시 알아야 하는 일입니다. 지도무난이요 유혐간택이니 단막증애하면 통연명백하리라 하신 이 열여섯 글자에 우주 대진리를 눈앞에 역력하게 다 보여준 엄청난 일이기 때문입니다.

부처님은 이 소식을 한 송이 꽃을 들어 보였고 달마대사는 확연무성廓然無聖이라고 했습니다. 인생을 다 바쳐 크게 한번 죽어볼 만한 일입니다. 그러기 위해서는 알음알이에 속지 말아야 합니다. 알음알이란 생각놀음인데 생각 끊어진 자리에 무슨 알음알이가 붙을 수 있겠습니까. 그게 곧 영원을 사는 길입니다.

毫釐有差 天地懸隔
호리유차 천지현격

欲得現前 莫存順逆
욕득현전 막존순역

털끝만큼이라도 차이가 있으면
하늘과 땅 사이로 벌어지나니

도가 앞에 나타나길 바라거든
따름과 거슬림을 두지 말라

생각에 놀아나지 말라

懸隔 / 무심의 언어로 마음을 보여주는 것

"지극한 도는 어렵지 않음이라 다만 간택함을 꺼릴 뿐이니 증애심만 없으면 통연히 명백하니라" 하고 바로 이어서 "호리유차毫釐有差하면 천지현격天地懸隔하나니" 만약 털끝만큼이라도 차이가 나면 하늘과 땅만큼 거리가 벌어진다고 못을 박아 놓습니다.

뭇 중생들이 생각하기를 '아! 도가 쉽구나. 우리가 이미 도 안에 있고 그 도는 완벽하게 갖추어 있으니 언제라도 보게 되겠지.' 이런 당치 않은 생각을 할까 봐 염려하는 노파심이 역력히 보입니다.

벌써 말에 떨어진 걸 알기 때문입니다. 스승들만이 갖는 대자비심입니다. 그래서 지극한 도를 바로 보려거든 '순역심順逆心에서 벗어나라'고 합니다.

생각이 일어날 때마다 자세히 들여다보십시오. 한 생각 일어나면 벌써 순역심입니다. 순역심이란 거슬리는 것을 싫어하는 마음과 따라주는 것을 좋아하는 마음을 말함인데 일체 세상사 순역심 아닌 게 없습니다. 그래서 제발 생각에 놀아나지 말라고 당부하는 겁니다.

몰록 무심삼매無心三昧에 들어가봐야 합니다. 자기가 직접 체

험해 보지 않고는 바로 한 생각 차이가 천지현격天地懸隔이 되는
도리를 모릅니다. 그래서 양변을 초월한 도리인 중도를 바로 보
아야 한다는 겁니다.

자연에서 예를 들어 보겠습니다. 앞서 말했듯이 아침마다 떠
오르는 해는 그 빛을 누구에게나 똑같이 비춥니다. 크다 작다,
좋다 나쁘다 하는 순역심이 전혀 없습니다. 태양빛만이 아니라
공기도 큰 사람이라고 더 주고 작은 사람이라고 적게 주는 법
이 없습니다. 똑같이 준다는 생각 자체도 없습니다. 그냥 조건
없이 주고 있지 않습니까. 여기에 어찌 너니 나니 거슬림이니
따름이니 하는 순역심이 있겠습니까. 양변이 없으니 그냥 중도
입니다.

우리 마음의 본질도 이와 같습니다. 그러려면 무심경계無心境
界를 맛봐야 합니다. 그 길은 곧 일념이 되어야 하는 길이기도
합니다. 화두참선할 때 화두話頭란 바로 그러한 도리 즉, 중도를
보여준 말길이 끊어진 세계입니다.

언어도단言語道斷이요, 심행처멸心行處滅의 중도를 여실하게
보여주는 마음의 언어입니다. 조사 스님들이 중도연기를 직접 깨
닫고 그 세계를 역력하게 보여준 귀한 말입니다.

부처님이 연꽃 한 송이를 들어 보이니 마하가섭摩訶迦葉 존자
만이 그 뜻을 깨닫고 미소 지은 소식, 정법안장正法眼藏 열반묘
심涅槃妙心을 전해준 소식이 이심전심以心傳心으로 이어져 우리

나라에 생생하게 살아있다는 사실이 너무나도 다행한 일입니다.

만일 우리나라에 간화선看話禪이 없다면 어떻게 되었을까를 생각해 보면 알 수 있습니다. 남방불교에서는 관법수행觀法修行인 위빠사나Vipassanā가 있고 티베트에는 라마교라고 하는 티베트 불교의 특성이 살아있듯이 우리나라에 화두참선법이 있다는 것은 큰 행운입니다. 오늘날 우리가 그 간화선을 직접 참구할 수 있다는 게 어찌 작은 일이겠습니까.

화두가 마음의 언어라고 하여 그런 언어가 따로 있는 게 아닙니다. 인간의 감정 언어로는 표현할 수가 없기 때문에 무심無心의 언어로 보여준 것이 화두입니다.

어떤 스님이 "여하시조사서래의如何是祖師西來意닛고?"하고 묻자, 조주趙州(778~897) 스님이 "정전백수자庭前栢樹子니라"고 했습니다. 잣나무든지 소나무든지 그게 문제가 아니고 '뜰 앞에 잣나무'라는 말로 보여준 그 깊은 뜻에 문제가 들어 있습니다.

숙제처럼 준 것이 아니고 그냥 마음을 보여주는 건데 마음눈이 열리지 않으니 보지 못하는 겁니다. 누가 듣고 있는데 듣는 참나를 모르고 있습니다. 순역심이 끊어진 화두참선에 인생 한 번 걸어 보십시오. 정말 한번 크게 죽어볼 만한 일입니다. 그게 곧 영원히 사는 길입니다.

順逆 / 상생과 공존의 원리

"욕득현전欲得現前이어든 막존순역莫存順逆하라." 도가 앞에 나타나길 바라거든 따름과 거슬림을 두지 말라는 뜻입니다. 햇빛과 물과 바람과 대지, 온 자연이 일체 모든 생명에게 평등으로 대하고 있습니다. 평등 그 자체입니다. 자연이 우리를 대하듯이 우리들 스스로도 그렇게 되어야 합니다. '진리는 하나'라는 말도 넘어선 원융무애입니다. 어떠한 상대를 만나든 간에 싸워야할 경쟁자로 보지 말고 같이 공존해야 할 존재, 꼭 내 곁에 있어야 할 필요한 인연으로 보십시오.

여기에서 더 나아가 순역심을 벗어난 상태, 거슬림만 받아들이는 게 아니라 내 마음에 맞는 따름까지 지나가는 그림자로 받아들여 결국 공성이라는 믿음을 세워야 합니다. 이렇게 양변에 걸림없는 존재원리를 바로 보는 것, 이것을 정견이라 하고 중도라고 합니다.

좋다 나쁘다에서 나쁘다는 거슬림만이 아니라 좋다는 따름까지 초월하여 중간이라는 세계마저 없어진 것입니다. 원융하여 어디에도 걸림이 없기에 '대자유'라 하고, 부득이 이름하기를 중도라고 한 겁니다.

이것이 본래 존재원리입니다. 새로 만든 것도 아니고 새로 꾸미는 것도 아닙니다. 우리들 본래 모습이건만 우리가 그 지극한 도에서 너무 멀리 나와서 그 사실을 모를 뿐입니다. 부처님은 이 사실을 바로 보라고, 네가 바로 부처라고, 천상천하天上天下 유아독존唯我獨尊이라고 평생 설했습니다.

우리들의 본래 모습, 지극한 도가 현전하기를 바라거든 일체 순역심에서 벗어나라고 하는 겁니다. 우리를 깨어나게 하려고 최선을 다하는 것입니다. 만약 인류 역사가 이러한 상생의 원리에 눈을 뜨기만 한다면 즉, 중도의 삶을 깨달아서 서로 공존의 원리로 살아간다면 지금의 지구 자원으로 인구의 70배가 함께 살아갈 수 있다고 합니다.

상대를 싸워야할 적으로 보기 때문에 경쟁하고 투쟁하느라 에너지를 낭비하여 지구 자원이 이렇게 모자랍니다. 전 세계에서 군비 경쟁에 들어가는 그 엄청난 돈을 농업이나 학문, 수행 문화에 투자한다면 지금보다 70배가 아니라 그 이상도 상생할 수 있습니다.

중도라는 지극한 도가 얼마나 소중한 보배입니까. 세계의 석학 아놀드 토인비Arnold J. Toynbee(1889~1975)는 이러한 원리를 불교 경전에서 알고 나서 '20세기의 가장 큰 사건은 불교가 서양에 전해진 일'이라고 했습니다. 그러한 석학의 눈으로 볼 때 20세기의 가장 큰일이 제2차 세계대전도 아니고, 달나라에 인간이 발을 디딘 일도 아니라 불교가 서양에 전해진 일이라는 것입니다. 부처님이 선언한 중도 원리가 토인비라는 석학에게 얼마나 신선한 충격으로 다가왔으면 이런 말을 했겠습니까. 우리들도 이런 문제에 대해서 깊이 생각해 볼 일입니다.

違順相爭 是爲心病
위 순 상 쟁   시 위 심 병

不識玄旨 徒勞念靜
불 식 현 지   도 로 염 정

어긋남과 따라감이 서로 다름은
이는 마음의 병이 됨이니

현묘한 뜻은 알지 못하고
공연히 생각만 고요히 하려 애쓴다

생각만 고요히 하려 하는구나

違順 / 일천 성인도 알지 못합니다

중도상생의 원리가 이렇게 여여如如하고 진리임에도 삶이 그렇게 안 되는 원인을 순역심에 이어 위순상쟁違順相爭이라고 하고 있습니다. "어긋남과 따라감이 서로 다툼은 이는 마음의 병이 된다"라고 이어집니다.

옳다 그르다, 네 탓이다 내 탓이다 하며 싸우는 병폐가 너무나 큽니다. 지금 우리 사회가 이 병으로 얼마나 많은 갈등에 시달리고 있으며 필요 없는 소모전을 벌이고 있습니까. 이러한 중도 원리를 감정 표현의 언어로 설명하기는 쉽지 않습니다. 조사 스님들의 언어를 예로 들어 보겠습니다.

석두희천石頭希遷(700~790) 스님이 조용히 앉아 참선하고 있는 제자 약산유엄藥山惟儼(745~828) 스님을 보고 물었습니다.

"무엇을 하느냐?"

"예, 아무것도 하지 않습니다."

"그냥 한가하게 앉아 있다는 것이구나."

"스님, 앉아 있다면 그것은 이미 하는 겁니다."

"그렇다면 자네가 하지 않는다는 것은 무엇이냐?"

"일천성인도 알지 못합니다."

《선문염송禪門拈頌》에 나오는 이야기로 옛 스승들의 언어가 이렇게 통연명백합니다. 일천성인도 알지 못한다는 말로 중도를 잘 보여주고 있습니다. 뒤이어 석두희천 스님이 게송으로 찬하며 화답하였습니다.

"언제나 함께 살아도 이름도 알지 못했는데

자유자재 이렇게 작용하는구나.

일천성인도 오히려 알지 못했는데

어찌 범부들이 쉬이 밝히겠는가."

여기서 '일천성인도 알지 못합니다'의 의미는 안다 모른다 하는 순역심이 아닙니다. 모를 뿐인 '청정'을 말합니다. 이런 것은 사실 그대로 보지 못하는 원인이 순역심으로, 서로 다투고 경쟁하는 큰 병을 앓고 있기 때문입니다.

그렇기 때문에 전 우주 자연이 모든 생명을 완전히 평등하게 받들고 있건만 인간들의 불평불만은 끊어질 줄을 모릅니다. 스스로 만든 욕망, 그 욕망에서 온 조그만 손님이 온통 주인 노릇을 하고 있기 때문입니다. 욕계에서는 욕망이 단연코 왕입니다. 욕망은 성성적적 지극한 도에 가장 약합니다. 우리 마음이 고요하면 욕망이 설 자리는 없습니다. 욕망이 없어지거나 죽는 게 아니라 지극한 도에선 욕망이 곧 도입니다. 이게 참으로 묘한 이치입니다.

玄旨 / 바람이 자면 파도는 어디에도 없어

처음에 말씀드렸듯이 우리는 누구나 지극한 도 안에 있습니다. 그런데 이렇게 고요한 마음의 바다에 위순상쟁이라는 감정, 내 마음대로 되기를 바라는 욕망 때문에 파도가 일어납니다.

위순상쟁違順相爭하여 시위심병是爲心病이라, 나와 남을 가르는 갈등이 파도를 일으킵니다. 이때 파도를 싫어하는 순역심이 더 큰 파도를 일으키게 합니다. 파도라는 욕망은 없애려고 할수록 더 강해집니다. 욕망이 바람이라 바람이 거세지면 파도도 거칠 수밖에 없습니다. 그럴수록 더 파도를 없애려는 악순환이 계속됩니다.

우리는 번뇌 망상이 바로 보리라는 진리를 세상에서 배웠거나 체험해본 일이 없습니다. 파도가 바로 바닷물이라는 이치입니다. 파도를 없애려면 파도와 싸우지 말고 바람을 잠재우면 파도란 실체는 없습니다. 번뇌 망상이라는 파도는 바닷물이라는 부처의 다른 모습일 뿐입니다.

이와 같은 진리, 선과 악이 둘이 아니라는 이런 가르침을 우리가 금생에 만났다는 것, 이건 크나큰 행운입니다. 부처님께서 평생 보여준 중도의 가르침입니다. 이런 법 만나기 쉽지 않습니다.

이러한 연기법에 의지해서 파도라는 순역심과 싸우지 말고 순역심의 본질, 파도의 본질을 바로 보십시오. 어디서 파도가 일어 났는가를 자세히 지켜보십시오.

파도가 바닷물에서 바람에 의해 잠깐 변형된 모습이라는 사실을, 바람이 자면 파도가 어디에 있는가를 있는 그대로 볼 수 있을 때까지 고요하게 지켜보십시오. 바람만 없으면 파도는 더 이상 파도일 수 없습니다.

옳다 그르다 하는 갈등의 바람, 너다 나다 하는 거슬림과 따름의 바람, 이 바람이 다 그림자요 환영임을 알기에 부처님은 공空이라고 했습니다. 있던 파도가 없어져 공이 아니고, 있는 그대로 실체가 없는 공입니다.

《반야심경般若心經》에 나오는 색즉시공色卽是空이라든지 오온개공五蘊皆空이 모두 이와 같은 말입니다. 이렇게 보면 단점이 단점일 수만은 없게 됩니다. 죄업도 영원한 죄업일 수가 없습니다.

자기 단점을 바로 보는 안목이 생깁니다. 장점도 단점도 마음의 바다에서 만든 내 작품이고 내 인생임을 알게 됩니다. 그러면 자기 단점을 사랑할 줄 알게 됩니다. 아는 데 그치지 말고 몰록 깨달으면 더 바랄 게 없습니다. 위순상쟁이 시위심병이니 꿈에서 깨어나야 합니다.

圓同太虛 無欠無餘
원동태허　무흠무여

良由取捨 所以不如
양유취사　소이불여

둥글기가 큰 허공과 같아서
모자람도 없고 남음도 없거늘

취하고 버림으로 말미암아
그 까닭에 여여하지 못하도다

물 속의 달을 취하지 말라

太虛 / 있는 것도 없는 것도 아닌 세계

"원동태허圓同太虛하야 무흠무여無欠無餘어늘." 둥글기가 큰 허공과 같아서 모자람도 없고 남음도 없거늘 취하고 버리는 마음 때문에 여여하지 못하다, 여기에서 태허공은 있다 없다 할 수 있는 세계가 아닙니다. 여기에는 조금도 모자라거나 남음도 없습니다. 그대로 모두가 원만히 갖추어 있기 때문에 취하고 버림만 없으면 대자유라서 그 자리를 이름하여 태허공이라고 했습니다.

둥글다고 하면 우리는 평면에 그려진 원을 생각합니다. 여기서 말하는 원은 존재 원리를 말하는 것인데 우리는 취하고 버림에 익어 있어서 그렇게 생각합니다.

그러나 평면의 원은 둥글지 않습니다. 점이 모여 선이 되고 선이 움직여 원도 되고 네모꼴도 됩니다. 아무리 둥글다 해도 현미경으로 세밀하게 보면 굴곡이 있습니다. 그것은 모양이 있기 때문입니다. 모양이란 완전할 수가 없습니다. 변해가는 과정입니다. 그렇기 때문에 무슨 모양이든지 모양으로 그린 것은 생각의 움직임입니다. 생각이 일어나면 이미 원은 아닙니다.

일체 모양은 생각의 파장이기 때문에 생각이 일어나기 이전의 지극한 도가 완전한 원입니다. 그 원은 모양이 없으나 처처에 나타납니다. 취하고 버림이 없으니 일체 걸림이 없고 원융무애합니다. 이러한 대자유를 원동태허圓同太虛라고 했습니다.

《신심명》은 한 구절 한 구절이 우주의 대진리를 그대로 보여 줍니다. 우주의 대진리, 즉 지극한 도는 원융하여 마치 끝이 없는 태허공 같아서 모자람도 없고 남음도 없이 완전하다는 말씀입니다.

이러한 진리가 우리 앞에 역력하게 나타나 있건만 안타깝게도 취하고 버리는 마음에 가려 보지 못하고 있습니다. 억울한 일 아닙니까?

취하고 버림에 대해서 주의 깊게 생각해보십시오. 지금까지 양변을 버리고 중도를 바로 봐야 한다고 강조했더니 '아! 중도를 바로 봐야겠구나' 하는 마음을 내게 됩니다. 벌써 취하는 데 속고 있습니다.

또 순역심만 놓아버리면 된다고 하니 순역심을 버려야 한다는 병에 빠지게 됩니다. 그만큼 취하고 버리는 이분법적 생각에 푹 익어 있다는 사실을 알아야 합니다. 몰록 무심하기가 그 정도로 설었다는 말이기도 합니다.

《신심명》에서 말하는 낙처落處 즉 근본 뜻은 취하거나 버리는 그 생각 자체가 공한 줄을 바로 보라는 것입니다. 그 길은 몰록 무심하라는 의미입니다.

그러나 우리는 무심하면 안 되는 것으로 알고 살아 왔습니다. 무심하면 마치 고목처럼 되는 게 아닌가, 아니면 죽은 사람처럼 되는 게 아닌가 생각합니다. 그러나 무심을 한 번만이라도 체험해 본 사람은 무심이란 완전한 평화, 영원한 자유라는 사실을 깨닫게 됩니다. 너니 나니 하는 시비분별에서 벗어나 실상을 바로 보는 것이 무심입니다.

取捨 / 물 속의 달을 취하지 말라

여기 큼직한 물통에 물을 가득 채웁니다. 찌꺼기가 잔뜩 들어 있는 흙탕물입니다. 그런 뒤 흙탕물을 계속 휘저으면 혼탁한 흙탕물밖에 아무것도 보이지 않습니다. 이때에 휘젓는 일을 중단하고 그냥 지켜보십시오. 흙탕물이 가라앉은 만큼 찌꺼기가 보입니다.

우리 몸뚱이라는 그릇 속에도 온갖 번뇌 망상이 가득합니다. 마음을 가라앉히고 안정된 만큼 내 안에 번뇌 망상이 보이기 시작합니다.

공부하는 사람들이 여기에서 흔히 생각하기를 기도나 수행을 하지 않을 때는 이런 망상이 없었는데 왜 기도나 수행을 시작하면 이런 망상이 들어오는지 모르겠다고 합니다. 이 생각 역시 취하고 버리는 데 속는 것입니다.

물통 속에 찌꺼기가 있으니 보이는 것이지 없는 게 보일 리가 없습니다. 내 몸통이라는 통 속에도 망상이라는 찌꺼기가 있었던 게 보이는 것입니다. 없던 것이 수행할 때만 밖에 있다가 들어오는 게 아닙니다.

번뇌 망상이란 내가 만든 내 안에 있는 업입니다. 밖에는 그 어디에도 망상이 없습니다. 그렇기 때문에 물이 가라앉은 만큼 찌꺼기가 보이는 것은 당연합니다. 내 안에 있는 망상도 마음이 가라앉지 않으면 어떤 망상이 있는지조차 모릅니다. 망상을 망상인 줄 아는 자리에는 더 이상 망상이 없습니다.

도적을 알아야 잡듯이 내 안에 어떤 도적이 있는지 알아야 해결방법도 찾을 수 있습니다. 망상이 일어나면 얼른 망상인 줄 알아차립니다. 그와 동시에 그냥 받아들이면 됩니다. 그 말은 부디 망상에 끌려다니지 말라는 뜻입니다.

번뇌 망상이란 본질이 공성이기 때문에 그냥 화두만 참구합니다. 이게 바로 망상이라는 도적을 잡는 방법입니다. 진정성을 가지고 실답게 참구해보면 스스로 이 말이 진실로 귀한 가르침이라는 걸 알게 됩니다.

번뇌 망상이란 누군가 다른 사람이 억지로 떠맡긴 것도 아니고 밖에서 들어온 남의 것도 아닙니다. 내가 찍어놓은 환영의 사진이요, 내가 걸어온 내 발자국입니다. 잠재의식에 저장해놓은 내 모습이기 때문에 스스로 책임져야지 그 누구도 대신 책임질 수 없습니다. 내 망상을 책임진다는 말은 나의 중생을 스스로 제도해야 한다는 말입니다.

망상은 관심을 주지 않고 마음이 성성적적하면 저절로 없어집니다. 물통을 휘젓지 말고 가만히 놓아두면 물은 저절로 맑아집니다. 그러면 달이 환하게 비추고 있음을 보게 됩니다.

이때 상당수의 수행자들이 물속에 비친 달을 취하게 됩니다. 그래서 '아, 달이구나' 하는 순간 흙탕물이 흐려지면서 달은 보이지 않게 됩니다. 보이면 취하고 안 보이면 버리니 양유취사良由取捨하야 소이불여所以不如입니다. 취하고 버림으로 말미암아 그 까닭에 여여하지 못하다는 의미입니다.

제대로 노력하는 수행자라면 물통 속에 흙탕물을 가라앉히는 노력에서 끝나는 게 아니라 그릇 자체를 깨어버립니다. 본래 모습인 공성을 깨닫는 것이지요. 그 순간 천강유수千江有水 천강월千江月이라는 당연한 사실을 있는 그대로 보게 됩니다.

물통 속에 있는 달을 취하거나 버릴 일이 없어집니다. 그릇이 있는 상태에서 그릇이 깨져버린 것입니다. 그렇다고 깨달은 세계가 따로 있는 것이 아닙니다. 원동태허이고, 모자람도 없고 남음도 없는 무흠무여이며, 무심삼매입니다.

다시 한 번 요약해보면, 지극한 도에는 모든 것이 원만 구족하여 조금도 모자라거나 남음이 없습니다. 그렇지만 우리가 근본 진리를 깨치지 못하는 것은 취하고 버리는 마음 때문입니다. 이것을 앞에서는 간택심, 증애심, 취사심 등으로 표현했습니다.

부처가 되려는 것도 중생을 버리려는 취사심이고, 세속법을 버리고 불법을 취하려는 것도 취사심입니다. 취하고 버리는 것은 모두 병입니다. 그래서 '취하고 버림으로 말미암아 여여한 자성을 깨치지 못한다'고 한 것입니다.

삼조승찬 스님은 취하고 버리는 어리석음에서 벗어남으로 생사윤회에서 벗어나고자 하거든 막축유연莫逐有緣하고 물주공인勿住空忍하라고 노파심을 이어갑니다.

莫逐有緣 勿住空忍
막 축 유 연 물 주 공 인

一種平懷 泯然自盡
일 종 평 회 민 연 자 진

있는 인연도 따르지 말고
공함에도 머물지 말라

한 가지를 바로 지니면
저절로 사라져 다하리라

열반에도 머물지 말라

"있는 인연도 따르지 말고 공함에도 머물지 말라"는 것은 세간법世間法에도 머물지 말고 열반에도 머물지 말라는 말씀입니다. 있는 인연이란 모든 세간법을 말합니다.

인간관계는 물론이요, 산하대지 모양 있는 것은 모두 인연들입니다. 그러나 인연이라는 세계도 또한 인연법에 의해서 변해가는 과정일 뿐 고정된 실체는 없습니다.

부처하면 우리는 바로 부처님을 생각하고 부처님을 떠올리게됩니다. 그러나 부처라는 단어를 분석해보면 'ㅂ 아래 ㅜ, ㅊ 옆에 ㅓ'가 인연이 되어 부처라는 단어가 나왔을 뿐입니다. ㅂ에도 ㅊ에도 ㅜ에도 ㅓ에도 그 어디에도 부처라는 주체성이 없습니다.

아무런 자체 성품이 없는데 모인 인연에 의해서 부처님이라는 인연성을 보여줍니다. 이 세계를 불수자성수연성不守自性隨緣成이라고 합니다. 글자를 그렇게 배열하면 '부처'라고 하자는 인간의 약속, 부호일 뿐입니다.

그런데도 우리는 부처님하면 바로 취하게 되고 마구니, 악마하면 버리려고 합니다. 이런 병폐를 너무나 잘 알기 때문에 세간법에도 따르지 말고 출세간법出世間法에도 머물지 말라고 일러주고 있습니다.

취하지도 않고 버림도 없는 공인空忍, 즉 공함에도 머물지 말라는 가르침, 이런 가르침을 주는 스승 만나기가 쉽지 않습니다. 생사에서 벗어나라고 가르치는 것은 당연하지만 열반에도 머물지 말라는 가르침이 우리에게 어록으로 남아 있다는 사실 자체가 큰 복입니다.

중국의 선사들 뿐만아니라 우리나라 역대 스승들도 한결같이 그렇게 보여주고 가르쳐 왔습니다. 그러나 태양 광명이 아무리 우리 앞을 비추고 있어도 등을 돌리고 있으면 윤회 속을 방황할 수밖에 없습니다.

어젯밤 우리나라는 캄캄했습니다. 그 어둠 속에서도 태양은 밝게 비추고 있었습니다. 태양은 그 시간에 어디로 숨은 일도 없고 빛을 줄인 일도 없이 환한 대낮인데 캄캄하게 어두운 원인은 이 지구가 태양에 등을 돌렸기 때문입니다.

마음 광명도 마찬가지입니다. 마음 광명에 등을 돌렸느냐 마주하느냐의 차이일 뿐 밝음 자체는 털끝만큼도 변한 일이 없습니다. 세간법과 출세간법, 생사와 열반이 모두 이와 같습니다.

一種 / 지극히 가까운 내 마음

태양에는 어둠이란 없듯이 생사가 본래 없다는 가르침은 인류를 구할 수 있는 보배입니다. 천 개의 강물에 비친 달이 모두 하나의 달이듯이 마음 광명 청정법신은 너와 내가 둘이 아닙니다. 그 뒤를 이어 "일종평회一種平懷하면 민연자진泯然自盡하니라"는 말이 나옵니다. 한 가지를 바로 지니면 저절로 사라져 다하리라는 말입니다.

이 한 가지를 지극한 도라고 하기도 하고 중도라고 해도 좋지만 여기에서 말하는 한 가지 즉, 일종一種은 언어의 길이 끊어지고, 마음 갈 곳이 멸한 자리를 말합니다.

한 생각 일어나기 이전 자리라느니, 양변을 초월한 자리라느니, 내지 중도 그 무엇이라고 해도 그 한 가지는 아닙니다. 그렇다고 어디 요원한 세계를 말하는 건 더더욱 아닙니다. 지극히 가까운 내 마음, 내가 보는 일입니다.

어떤 사람이 이 세상을 바로잡게 해달라고 기도를 시작했습니다. 몇 년을 열성적으로 기도를 했는데도 이 세상을 바로잡기는커녕 자기 가족 하나 마음대로 안 됩니다. 그래서 부디 내 가족만이라도 내 마음대로 해달라고 기도가 바뀌었습니다. 자기 가족 또한 마음대로 될 리가 없습니다.

다시 몇 년간 열심히 기도했습니다. 그 사이 이 사람은 너무 지치고 몸은 늙어서 내 몸 하나 내 마음대로 안 되거든요. 이제 모든 욕심 다 내려놓고 제발 내 마음 하나만이라도 길들이게 해달라고 기도 방법을 바꾸게 되었습니다. 그때서야 산신령이 앞에 나타났습니다.

"이 사람아, 내 마음 하나만 마음대로 잘 다루면 가족뿐 아니라 이 세상도 모두 뜻대로 되는데 자네는 기도를 거꾸로 했네. 뒤집어진 일이 없는 세상을 바로잡겠다는 기도나 각자 자기 갈 길이 있는 가족을 내 마음대로 하겠다는 기도를 했으니 애당초부터 이루어져선 안 되는 기도였네. 자네가 만약 처음부터 내 마음 하나 바로 닦겠다고 기도했으면 충분히 성취할 수 있었는데 이제 너무 늦었네."

너무 늦게 철이 든 것이 얼마나 한스러운 일입니까. 일종평회가 안 되면 민연자진이 될 수가 없습니다. 내 마음 하나 바로 깨달으면 나머지는 저절로 해결된다는 말입니다.

한 가지를 바로 지니면 사라져 저절로 다한다고 하니 그 한 가지라는 게 뭔가 있는 것으로 압니다. 특별히 깨달은 세계가 어떤 세계일까 하는 생각을 일으킵니다. 그만큼 취할 것도 없고 버릴 것도 없는 중도라고 누누이 말을 하는데도 몰록 무심으로 들어가지 못합니다.

止動歸止 止更彌動
지 동 귀 지 지 갱 미 동

唯滯兩邊 寧知一種
유 체 양 변 영 지 일 종

움직임을 그쳐 그침에 돌아가면
그침이 다시 큰 움직임이 되니

오직 양변에 머물러 있으니
어찌 한 가지임을 알겠느냐

무심으로 들어가는 법

止動 / 누르면 누를수록 더 올라와

취하고 버리는 이러한 집착에서 벗어나게 하고자 "지동귀지止動歸止하면 지갱미동止更彌動하나니"라고 짚어주고 있습니다. 움직임을 그쳐 그침에 돌아가면 그침이 다시 큰 움직임이 된다는 뜻입니다.

정말 애써본 사람이라면 이 말을 듣는 순간 '아! 그렇구나' 하고 두 손을 자연스럽게 모으게 됩니다. 잠을 안 자려고 악을 쓰면 쓸수록 잠은 더 쏟아지고, 고요하려고 망상妄想을 내리누르면 누를수록 망상은 더 혼란스러웠던 경계에 많이 울어봤기 때문입니다.

물론 여기서는 이런 지엽적인 얘기가 아니라 근본적인 존재원리를 말하고 있습니다. 다만 산란한 마음을 없애고 고요함으로 돌아가고자 한다면, 그렇게 하고자 하는 그 바람이 망상 하나를 더하게 된다는 가르침입니다.

망상이 일어나든 말든 말려들지 말라는 얘기입니다. 망상은 그림자이기 때문에 한 발 한 발 내딛으며 대지大地 위를 걷듯 하라는 의미입니다. 분명히 대지 위를 걸어가지만 걷기만 할 뿐입니다. 만약 그냥 걷지 않고 이 흙이 검다 붉다, 모래가 많다 적다 이렇게 따지면서 걸어가는 이는 앞으로 나아가지를 못합니다.

화두 참선도 이와 같습니다. 망상이 일어나면 일어나는 대로 놓아둔 채 그냥 화두에만 집중해야 됩니다. 그렇지 못하고 망상과 싸우게 되는 까닭은 고요함을 취하고자 하기 때문입니다. 그래서 움직임을 그쳐서 그침에 돌아가려고 하면 다시 더 큰 움직임이 된다고 한 것입니다.

그래서 《반야심경》에서도 전도몽상轉到夢想이라고 했습니다. 내 몸 하나도 내 마음대로 못하면서 가족이나 이 세상이 내 마음대로 되기를 바라는 것과 같습니다. 늙지 않기를 아무리 원해도 결국은 늙고, 아프지 말라고 해도 아프고, 죽지 말라고 애원해도 결국 죽습니다.

그래서 부처님은 '내 몸이라고 하는 자신도 자기 마음대로 안 되는데 어찌 남이 내 마음대로 되겠느냐. 내 마음대로 되기를 바라는 그 생각을 바꾸어라'고 한 것입니다. 내가 환경에 적응해야지 환경이 나를 맞춰줄 수는 없습니다. 그런데도 사람들은 나 자신을 고치려 하기보다는 남이 바로 되기만을 바랍니다.

兩邊 / 움직임도 고요함도 다 버리고

분명 불가능한 일인데도 세상 사람들은 이 세상이 내 마음대로 되기를 바랍니다. 이 세상이 썩었다며 바꿔야 한다고 말을 합니다. 그러나 부처님은 '이 세상은 썩은 일이 없다. 썩은 것은 이 세상이 아니라 사람들 마음이다. 이 마음만 바로 쓰면 세상은 항상 그대로 여여하다'고 했습니다.

그래서 한 가지를 바로 지니면 사라져 저절로 다하리라고 한 것입니다. 물론 여기에서 한 가지란 양변을 초월하여 가운데도 없어진 '원융무애'를 말합니다. 그리고 사라져 다한다는 말도 잘 새겨들어야 합니다.

언어의 길이 끊어진 자리인지라 '자성청정불自性清淨佛이니 진여불성眞如佛性이라'고 이른 것입니다. 하늘이 맑다고 하면, 더럽혀졌던 하늘이 맑아진 것이 아니고 본래 존재 원리가 맑음 자체입니다. 그러니 기도를 하고 수행을 해도 어려움을 당하지 않게 해달라고 하지 말고 어려움이 닥쳐와도 그 어려움을 능히 이겨낼 수 있도록 마음을 잘 닦아나가겠다고 발원하면 그 기도는 틀림없이 성취할 수 있습니다.

이치로 보나 사물로 보나 존재 원리가 이렇게도 분명하건만 삶이 그렇지 못하니 그게 답답한 일입니다. 그 원인은 업에 끌려다니기 때문입니다. 주인이 주인 노릇 못하고 도적이 하자는 대로 끌려다니고 있습니다. 그만큼 우리는 그림자에 속는 데 습관이 들었습니다. 꿈속에서 불을 만나면 뜨겁다고 소리를 지르고, 물을 만나면 살려달라고 허우적거리는 것과 다를 바 없습니다.

꿈속에서는 꿈속 일이 사실이라고 착각합니다. 기실 꿈속에서 꾸는 꿈만 꿈이 아닙니다.

내가 나를 모르고 사는 길, 이 모든 것이 꿈입니다. 다만 꿈인 줄 모를 뿐입니다. 하루 종일 누가 말하는지, 누가 듣는지 모릅니다. 내가 나를 모르는 꿈보다 더한 꿈이 어디 있겠습니까. 남의 말 한마디에 억울하다며 내 자신을 던져버리거나, 가슴에 상처로 부여잡고 있는 어리석은 꿈도 그렇고, 이미 지나가버린 일에 사로잡혀 아파하고 있는 꿈도 그렇습니다.

마음의 상처는 내가 붙들고 있기 때문에 상처가 되지 그냥 놓아 버리면 상처가 될 수 없습니다. 과거란 내 마음에 붙들고 있는 기억일 뿐이요, 미래란 내가 생각하는 상상의 세계일뿐입니다. 그런 까닭으로 "유체양변唯滯兩邊이라 영지일종寧知一種인가"라고 했습니다. 오직 양변에 머물러 있으니 어찌 한 가지임을 알겠느냐는 의미입니다.

이렇게 말하면 '고요함마저 버리고 움직이는 대로 자연에 맡기면 되지 않을까' 생각을 하는데 이 생각 또한 양변입니다. 양변에 머물러서는 안 됩니다. 움직임도 고요함도 다 버리고 일종인 중도의 자성청정을 바로 보아야 합니다.

一種不通 兩處失功
일종불통 양처실공

遣有沒有 從空背空
견유몰유 종공배공

한 가지에 통하지 못하면
양쪽 다 공덕을 잃으리라

있음을 버리면 있음에 빠지고
공함을 따르면 공을 등지느니라

곰을 따르면 곰을 등지느니라

兩處 / 누가 만든 것이 아니라 본래 빈 상태

"일종불통一種不通하면 양처실공兩處失功이라" 한 가지에 통하지 못하면 양쪽 다 공덕을 잃으리라고 했습니다. 고려시대 야운野雲(1228~1311) 스님이 지은 《자경문自警文》에 나오는 구절 중에 "주인공아, 내 말 좀 들어봐라. 얼마나 많은 사람들이 공문空門에서 대도大道를 깨달았거늘 너는 어이 생사윤회에서 벗어날 생각조차 않는단 말이냐" 하며 걱정을 하는 대목이 나옵니다.

공문, 즉 허공성에는 아무리 똥물을 끼얹어도 더럽혀지질 않고 허공에다 먹물을 끼얹어도 허공은 물들지 않습니다. 빈 그릇 즉 허공성의 위력이 이렇게 대단합니다.

우리 마음도 이와 같이 비워버리면 어떤 죄업에도 물들지 않습니다. 그 마음 하나 비우지 못하는 것을 한 가지에 통하지 못한다고 염려하는 것입니다. 내가 남의 손을 잡아주거나 남이 내 손을 잡아주려면 내 손이 비었을 때만 가능합니다. 비어 있지 않으면 양쪽 다 잃을 수밖에 없습니다. 마음 하나 비우는 일, 그 일은 몰록 무심을 체득하는 일입니다.

무심이란 시비분별을 떠나 실상을 바로 보는 일이라고 여러 번 말씀드렸습니다. 쉬우면서도 정말 어려운 일이기도 합니다.

왜냐하면 마음은 비울 게 없기 때문입니다. 너니 나니 하는 모든 시비분별을 떠나서 중도, 즉 실상을 바로 보는 일이지 비울 게 따로 있어서 비우라는 얘기가 아닙니다.

내가 없음으로 해서 도가 되는 것이지 나라는 벽, 계란 안에서는 아무리해도 계란입니다. 계란이 깨어져야 병아리라는 생명이 됩니다. 계란이 깨지려면 어미 닭 체온과 계란이 하나가 될 때만 가능합니다.

어미 닭이라는 부처가 계란이라는 중생을 품어서 어미 닭과 계란이라는 양변이 허물어지는 찰라, 바로 줄탁동시啐啄同時가 됩니다. 어미 닭이 알을 얼마나 치열하게 품었으면 조사 어록에 '어미 닭이 알을 품듯이 하라'는 인용이 그렇게 많이 나오겠습니까.

업이라는 환영의 껍질이 깨어지는 아픔을 겪어보고 나서야 화두의 고마움을 진실로 알게 됩니다. 옛날 화두로는 안 된다는 사람들이 있는데 그렇지 않습니다. 화두를 진실로 일념참구一念參究해보면 모양 없는 공성이란 옛날과 지금이 없다는 것을 자연히 알게 됩니다. 부처님이 깨달은 연기공성이나 지금의 연기공성이 전혀 다르지 않습니다. 그래서 "한 가지에 통하지 못하면 양쪽 다 공덕을 잃으리라"고 한 것입니다.

여기에 물 그릇이 하나 있습니다. 물이 가득 들어 있습니다. 아무것도 더 이상 넣을 수가 없고 다른 용도로 쓸 수도 없습니다. 이때 몰록 물을 쏟아버리면 물 그릇은 빈 그릇, 허공성이 됩니다. 이렇게 빈 상태의 허공성은 누가 만든 것이 아니라 본래 빈 상태였습니다.

허공성은 누가 새로 만들어놓은 것도 아니고 새로 고쳐진 상태도 아닌 본래 모습으로 돌아갔을 뿐입니다. 우리 마음도 본래 빈 상태, 무심상태, 허공성입니다. 다만 온갖 번뇌 망상이 가득 차 허공성으로서의 역할을 못할 뿐입니다.

번뇌 망상 집착만 놓아버리면 본래 모습이 열반적정涅槃寂靜이요, 지극한 도입니다. 새로 만들거나 고치는 일이라면 실패할 수도 있고 잘못될 확률도 있지만 본래 완성되어 있는 본래 자리라 누구나 평등한 자리입니다. 너다 나다 분리되기 이전 자리입니다. 그래서 부처님은 그 자리를 확연히 깨달은 뒤 "일체 유정有情 무정無情이 모두 불성佛性 그 자체로구나. 이 세상 부처 아닌 자가 본래 없구나"라고 한 것입니다.

제가 출가 입산한 지가 어느덧 반세기가 지났는데 지금도 새벽 두 시가 넘어가면 새벽예불을 기다립니다.

'부처님 고맙습니다. 세세생생世世生生 출가 수행자의 길을 가겠습니다. 지켜봐 주십시오. 하루하루 삶이 부처님 은혜 갚는 삶이 되겠습니다' 하는 마음 즉, 부처님에 대한 간절한 고마움의 절이 저절로 나옵니다. 그만큼 부처님 은혜가 마음 깊이 맺힐 때가 온다는 얘기입니다.

그래서 "오직 양변에 머물러 있으니 어찌 한 가지임을 알겠느냐" 하고선 뒤이어 "한 가지에 통하지 못하면 양쪽 다 공덕을 잃으리라"고 했습니다.

부처님은 오직 인因을 중요시하기 때문입니다. 인을 중요시 한다는 말은 씨앗 심는 것을 중요시 한다는 뜻입니다. 반대로 중생들은 과果를 중요시 합니다. 오직 열매만을 찾는다는 뜻입니다.

씨앗을 중요시하는 것은 씨앗만 심어놓으면 언제든 열매를 맺게 마련인데, 씨앗은 심지 않고 열매만 찾으면 어느 하세월 가더라도 열매는 나타나지 않습니다.

수행정진도 그렇습니다. 깨닫겠다는 열매만 찾다보니 자칫 깨닫겠다는 욕심이 앞서게 되고 그게 오래가면 병이 되기도 합니다. 삶과 수행이 하나가 되어 오직 삶 자체가 수행이 되는 씨앗을 심어 나가면 훨씬 더 나은 결과가 올 수 있습니다.

화두에 대한 믿음이 투철하면 화두를 참구할 뿐 다른 것을 구하는 마음이 줄어들게 되고 씨앗 심는 참구가 더 간절하게 됩니다. 그 간절한 의심과 욕심이 개입된 의심의 차이는 천지현격입니다. 그래서 한 가지에 통하지 못하면 양쪽 다 공덕을 잃는다고 한 것입니다.

背空 / 어디로 벗어나고자 하는가

"견유몰유遣有沒有요, 종공배공從空背空이라." 있음을 버리면 있음에 빠지고 공空함을 따르면 공함을 등진다는 뜻입니다. 세상 삶이 어렵다고 세상을 벗어나고자 하면 벗어나겠다는 그 마음이 더 큰 문제가 되고 공적함을 추구하면 구하는 그 마음이 이미 공을 그르치고 있다는 의미입니다.

몸이라고 하는 이 육신이 있는 한 결코 세상을 벗어날 수 없습니다. 몸이 곧 세상이기 때문입니다. 내 몸이 곧 세상인데 어디로 벗어난다는 말입니까. 그리고 세상을 벗어나려는 목적이 내 몸 하나 행복하고자 하는 마음이라면 그건 벗어나려는 게 결코 아닙니다. 이 몸에 대한 집착입니다. 공함의 대자유마저 이 몸을 위해서 이용하려는 업의 작용입니다. 자기 생각에 자기가 속고 있습니다. 다만 자신이 속는 줄을 모를 뿐입니다.

그래서 있음을 버리려고 할수록 오히려 있음에 더 깊이 빠져들게 됩니다. 더구나 공이란 이 몸을 떠나서는 알 도리가 없습니다. 이 몸이 세상이라면 세상 법 떠나서 공을 알 수가 없다는 이야기입니다. 세상 법 떠나서 공을 찾는다면 이미 양변에 떨어진 것입니다. 그래서 상相 속에서 상을 떠나야 되고 공 속에서 공에 빠지지 말아야 합니다.

세상사 귀찮다고 안 보고 살 수는 없습니다. 보기 싫은 꼴 안 보려고 눈 감고 살 수 있다면, 보기 싫은 꼴 안 보고 사는 시각장애인이 제일 행복할 것입니다. 하지만 시각장애인의 입장에서 보면 내가 보기 싫다는 그 모습이 얼마나 보고 싶은 대상입니까.

보고 싶은 것만 골라서 보고, 보고 싶지 않은 것은 안 보고 하는 일은 있을 수 없습니다. 있음의 세계란 시시각각 변해가는 그림자인데 어떻게 환영의 그림자를 실체화시킬 수가 있겠습니까. 그래서 "있음을 버리면 오히려 있음에 빠진다"고 한 것입니다.

반대로 공함을 따른다고 하면 모양도 빛깔도 없는 공을 따를 수가 없습니다. 공을 좋아한다는 그 생각 자체가 공을 등지는 일이 됩니다. 공이란 공을 추구하는 그 생각이 끊어진 상태, 시비분별이 끊어진 곳, 내가 없어진 자리입니다. 내가 없어진다면 죽거나 사라지는 게 아닙니다. 이 몸이 바로 이 자리에서 과거, 현재, 미래를 초월하여 원융무애하게 되었다는 얘기입니다. 양변을 벗어나 완전한 행복, 상락아정常樂我淨 무위도無爲道에 드는 것을 말합니다.

나 아닌 존재를 아무리 찾아도 찾을 수 없게 되니 따라야 할 공이 있을 수가 없게 됩니다. 대자유입니다. 그래서 "있음을 버리면 있음에 빠지고 공을 따르면 공함을 등지느니라"고 했으니 이 얼마나 얻기 어려운 소중한 가르침입니까.

多言多慮 轉不相應
다언다려 전불상응

絶言絶慮 無處不通
절언절려 무처불통

말이 많고 생각이 많으면
더욱더 상응치 못하게 된다

말의 세계가 끊어지고 생각이 끊어지면
통하지 않는 곳이 없느니라

말과 생각이 끊어진 자리

多言 / 언어의 길이 끊어진 자리

"다언다려多言多慮하면 전불상응轉不相應이라." 말이 많고 생각이 많으면 더욱더 상응치 못하게 된다고 했습니다. 앞에서 있음을 버리면 있음에 빠지고, 공함을 따르면 공함을 등진다고 했습니다. 이 두 가지 모두가 양변이고 취사심이기 때문입니다. 이 취사심을 버려야만 무상대도를 성취할 수 있습니다. 무상대도를 성취하는 데 거듭 생각하고, 설명한다고 되는 것은 아닙니다. 말로서는 감정의 전달밖에 안 됩니다. 고요의 세계 즉, 진리의 세계는 결코 말로서는 표현할 길이 없습니다. 고요의 세계는커녕 말로는 음식 맛 하나도 설명할 길이 없습니다.

내가 분명하게 알고 있는 된장 맛, 김치 맛도 말로 설명하려면 도저히 설명할 방법이 없다는 사실이 얼마나 우스운 일입니까. 된장을 먹어본 사람이야 말이 필요 없겠지만 평생 된장 구경을 못해본 외국인에게 된장 맛을 설명하는 것은 불가능한 일입니다.

딱 한 가지 방법은 백 마디, 천 마디 말보다 된장을 직접 먹어보게 하는 일밖에 없습니다. 그래서 한 방울 물이 영원히 마르지 않는 길은 바다에 떨어지는 길이라고 했습니다.

그래서 조사 스님들은 언어도단言語道斷이요 심행처멸心行處

滅이라, 언어의 길이 끊어진 자리요 마음 갈 곳이 멸한 자리라고 강조한 것입니다. 그런데 그 말이라는 것은 생각의 표현입니다. 생각이라는 것이 어디서 만들어지는지 알 수가 없습니다. 누가 생각을 일으키는지 생각이 과연 존재하기는 하는 건지 알 길이 없습니다.

한 생각 몹시 억울했던 기억을 떠올리면 얼굴이 화끈거렸던 경험이 누구나 있을 겁니다. 반대로 몹시 행복했던 기억을 떠올리면 나도 모르게 입가에 미소가 번집니다.

누가 손을 대거나 접촉한 일이 없이 한 생각 일으킴에 따라 얼굴이 화끈거리기도 하고 미소가 나오기도 하는 걸 보면 생각이 나를 움직이고 있는 게 확실한데 그 생각이 어디서 나오는지 모른다면 꼭두각시나 허깨비라고 할 수밖에 없습니다.

만약 생각이 존재한다면 어딘가에 저장되어 있어야 할 텐데 우리 몸 어디에도 고정된 '생각 저장고'는 없습니다. 존재하지 않는다면 어디에서 생각이 일어나는지 참으로 궁금할 뿐입니다.

무릇 상이 있는 바 다 허망하니
만일 모든 상이 상이 아님을 본다면
여래를 보리라
凡所有相 皆是虛妄
若見諸相非相 卽見如來

《금강경》에서 말하는 모든 상은 모양 있는 모양만이 아니라 한 생각 일어나는 생각도 똑같은 상이라고 하는 것입니다.

모든 모양이 변하듯이 생각도 시시각각 변하고 있습니다. 생각이야말로 변하는 과정이 일일일야一日一夜 만사만생萬死萬生이라 끝없이 일어났다 없어졌다 합니다. 바다에서 물거품이 수없이 일어나고 사라져도 바닷물은 변함이 없습니다. 우리 생각도 이와 같습니다. 바로 연기공성이기 때문입니다.

絶言 / 화두 참선의 길

다음에 나오는 말이 "절언절려絶言絶慮하면 무처불통無處不通이라"입니다. 그러한 말의 세계가 끊어지고 생각이 끊어지면 통하지 않는 곳이 없다는 뜻입니다. 말이 끊어지기를 바라거나 생각이 끊어지기를 바라는 동안은 결코 끊을 수 없는 요원한 얘기입니다. 말이 끊어졌다는 얘기는 생각 자체가 무념이 되었다는 얘기지 끊어질 생각이 따로 있는 게 아니라는 뜻입니다.

그래서 《육조단경》에서는 '무념으로 종宗을 삼으라'고 가르치고 있습니다. 무념이란 유와 무, 선과 악 등 일체 상대되는 두 모양이 일체 진로塵勞를 영원히 떠난 자리입니다. 바로 진여眞如요

정념正念입니다. 《육조단경》에서 무념에 대해 거듭 밝히면서 여실히 보여주고 있습니다.

없다함은 상대되는 두 모양의
모든 진로(번뇌 망상)의 마음이 없음이요,
생각함은 진여본성을 생각함이니
진여는 생각의 몸이요,
생각은 진여의 작용이니라.
진여의 자성을 일으켜
비록 보고 듣고 느끼고 알지만
만 가지 경계에 물들지 않아
참된 성품이 항상 자재한다.
유마경에 말씀하기를
밖으로는 비록 제법의 모양을 분별하나
안으로는 첫째 뜻에서 움직이지 않는다.

無者無何事 念者念何物 無者離二相諸塵勞 念者念眞如本性
眞如是念之體 念是眞如之用 自性起念 雖卽見聞覺知 不染萬
境而常自在 維摩經云 外能善分別諸法相 內於第一義而不動

결국 언어의 길이 끊어지고 마음 갈 곳이 없어진 것을 무념위
종無念爲宗이라고 하고 그 길로 직접 행하는 길이 화두참구 즉,

화두참선입니다.

고봉高峰(1901~1967) 스님은 화두참선에 대해 간절하게 말했습니다.

"오직 본참공안本參公案 화두를 가슴 깊이 간직하고 행주좌와行住坐臥에 간절하게 참구하라.

궁구窮究하고 궁구하여 힘이 미치지 못하고 생각이 머무를 수 없는 곳에 이르러 문득 화두를 타파하여 벗어나면 바야흐로 성불한 지 이미 오래임을 알 것이다.

이 한 도리는 기왕에 모든 부처님과 조사 스님들이 생사를 요달了達하고 죽음의 길에서 벗어남에 이렇게 역력하게 시험하신 묘방妙方 중에 묘방이다.

오직 귀한 것은 실답게 믿고 화두를 의심하지 않는 것뿐이니 오래오래 물러나지만 않는다면 누구나 깨닫지 못할 자가 없느니라."

또 태고보우太古普愚(1301~1382) 스님은 이렇게 말했습니다.

"사람의 마음이란 지극히 미묘하여 말로서는 도저히 이해할 수 없고 생각으로도 얻을 수가 없으며 침묵으로도 통할 수가 없는 것이다.

이 일은 오직 화두 참구에만 마음을 두어 어둡지 않기만 하면 반드시 깨닫게 된다. 이것이 대장부의 평생 사업이다."

다시 말해, "말과 생각이 끊어지면 통하지 않는 곳이 없다"는 것은 '말과 생각이 끊어진' 여기에도 집착하지 말라는 것입니다. 여기서도 근본은 간택심을 버려야 지극한 도를 성취한다는 것입니다.

歸根得旨 隨照失宗
귀근득지　수조실종

須臾返照 勝脚前空
수유반조 승각전공

근본으로 돌아가면 뜻을 얻고
비춤을 따르면 종취를 잃나니

잠깐 사이 돌이켜 비춰보면
앞의 공함보다 뛰어남이라

생각의 속임수에서 벗어나라

歸根 / 가고 오는 시간도 공간도 없는 자리

"귀근득지歸根得旨요 수조실종隨照失宗이라" 하고 이어지고 있습니다. 근본으로 돌아가면 뜻을 얻고 비춤을 따르면 종취宗趣를 잃는다는 뜻입니다. 본마음을 따르면 바로 깨달음이요, 망상번뇌를 따르면 자연 근본을 놓칠 수밖에 없다는 말입니다.

근본으로 돌아간다고 했지만 돌아갈 자리가 따로 있는 게 아닙니다. 가고 오는 시간도 없거니와 공간도 또한 없습니다. 본래 없는 마음인데 없는 마음으로 어떻게 돌아갑니까. 그 마음을 바로 쓰는 길이 곧 근본으로 돌아가는 길입니다. 바로 공을 깨닫는 길입니다. 근본에서 보면 육상원융六相圓融이기 때문입니다.

여기에서 육상六相에 대해 잠깐 살펴보겠습니다. 총總, 별別, 동同, 이異, 성成, 괴壞 이 여섯 가지를 육상이라고 합니다.

현수법장賢首法藏(643~712) 스님의 《화엄오교장華嚴五教章》에 보면 이런 비유가 나옵니다. 법당 한 채를 지으려면 기둥과 대들보, 서까래, 기와 등 모든 재료가 모여서 이뤄지게 됩니다. 그 재료가 개별적으로 볼 때는 기둥이요, 대들보라고 하지만 각자 인연이 되어 법당이라는 한 채의 집이 세워지면 그냥 법당일 뿐입니다.

전체적인 총으로 볼 때는 기둥도 아니요, 대들보도 아닌 그냥 법당입니다. 그런데 그 가운데 기둥 하나만 없어도 법당은 허물어져서 법당이라는 총이 없어지게 됩니다. 결국 기둥 하나에 대들보도 들어 있고 기와도 들어 있고 서까래도 들어 있고 법당 전체가 들어 있다는 것을 '일중일체一中一切 다중일多中一'이라고 합니다. 즉 하나 가운데 전체가 있고, 전체 속에 하나가 있다는 뜻입니다. 육상원융이라는 세계가 이뤄진 것입니다. 기둥, 대들보, 지붕은 모두 별이면서 총이고 총이면서 별입니다.

법당만 그런 것이 아니라 너나 할 것 없이 일체 우주 자연의 존재 원리가 다 그렇습니다. 무진연기無盡緣起가 펼쳐지는 것입니다. 총과 별이 하나요, 동과 이가 하나요, 성과 괴가 하나입니다. 물론 하나라는 것도 이름뿐인 하나입니다. 왜냐하면 공에는 육상이 없기 때문입니다.

선종오가禪宗五家 중 법안종法眼宗을 일으킨 법안문익法眼文益(885~958)선사가 제자인 영명도잠永明道潛 스님이 참방하자 물었습니다.

"그동안 무슨 경을 읽었는가?"

"《화엄경》을 읽었습니다."

"그렇다면 육상이《화엄경》어느 품에 있는가?"

"그것은 〈십지품十地品〉에 수록되어 있습니다. 제가 알기로는 육상원융이라 세간과 출세간의 법은 모두가 육상을 갖추고 있으므로 육상은 모든 것에 해당됩니다."

"그러면 공 역시 육상을 지니는가?"

그러자 영명도잠 스님이 당황하여 머뭇거리자 스승이 다시 자비를 베풉니다.

"자네가 나에게 그렇게 물었다면 나는 양구, 즉 침묵했을 것이다."

이렇게 일러주는데도 제자는 알아듣지 못하고 다시 물었습니다.

"스승님, 상이 없는 공에 육상이 있을 수 없지 않습니까?"

"공이지."

이렇게 끊어줍니다. 여기에서 깨달았습니다. 법안 스님이 어떻게 그것을 깨달았느냐고 묻자 그는 "공입니다"라고 대답했습니다.

그래서 근본으로 돌아가면 뜻을 얻고 생각을 따르면 종취를 잃는다고 한 것입니다.

返照 / 마음의 눈을 떠라

"수유반조須臾返照하면 승각전공勝脚前空이라." 잠깐 사이 돌이켜 비춰보면 앞의 공함보다 뛰어남이라는 뜻입니다. 잠깐 사이 돌이켜 비춰본다는 것은 공과 공 아님을 둘로 보지 않는 마음의 눈을 뜨는 것을 말합니다. 마음의 눈을 뜨면 공과 불공不空이 다르지 않아 앞의 공함보다 뛰어나다는 의미입니다.

사실 진리에서는 잠깐과 영원을 둘로 보지 않습니다. 우리는 영원이라고 하면 긴 시간이라고 생각하고 잠깐은 매우 짧은 시간이라고 생각합니다. 그러나 실상은 그렇지 않습니다. 시간이라는 실체가 있다면 그렇게 볼 수 있겠지만 시간은 고정된 실체가 없습니다. 모두가 우리 생각놀음에 속고 있습니다. 길다 짧다고 하는 그 생각마저 있는 것이 아니기 때문입니다.

'수유반조'란 생각의 속임수에서 벗어남을 말합니다. 그러니 전공前空보다 뛰어남이라고 이름을 붙인 것입니다. 여기에서 앞의 공이라 함은 목전공目前空을 말함인데 눈앞에 모든 것이 공하다 아니다 하는 분별이 남아 있는 공입니다.

내 자신이 공하다면 전공이니 후공後空이니 말할 사람이 있을 수가 없습니다. 내가 있고 공이 있다는 것은 이미 양변에 떨어졌습니다. 상대성에 속은 것입니다.

그래서 잠깐 동안 바로 비추는 일이 자성自性을 바로 깨치는 일이라는 사실을 여실하게 보여줍니다. 그래서 돈오頓悟라고 하는 것입니다.

홀연히 자성을 보는 데는 시간 자체가 없기 때문이니 그냥 몰록이라고 하셨을 뿐 법 자체에는 돈오와 점수漸修가 따로 있을 까닭이 없습니다.

그래서 "잠깐 사이 돌이켜 비춰보면 앞의 공함보다 뛰어나다"고 한 것입니다. 그만큼 자성을 돌이켜 보는 일이 수승함을 강조하는 말입니다.

前空轉變 皆由妄見
전공전변 개유망견

不用求眞 唯須息見
불용구진 유수식견

앞의 공함이 전변함은
모두 망견 때문이니

참됨을 구하려 하지 말고
오직 망령된 견해만 쉴지니라

오직 망령된 견해만 쉬어라

前空 / 생명의 무게는 똑같아

"전공전변前空轉變은 개유망견皆由妄見이라." 앞의 공함이 전변轉變함은 모두 망견妄見 때문이라고 합니다. 사실 망견 아닌 게 없을 만큼 우리는 망견에 많이 속고 있습니다.

망견이란 허망되게 본다는 말로 잘못 본다는 뜻입니다. 예를 들자면 코끼리는 무게가 무겁다고 생각하고 토끼나 강아지는 가볍다고 생각하는데 그게 바로 망견입니다. 눈에 보이는 환영幻影, 모양에서 볼 때는 코끼리는 무겁고 강아지는 가볍다고 생각되지만 생명의 무게에서 볼 때 서로 다르지 않습니다. 그러한 면이 불교의 심오함이고 참으로 훌륭함입니다.

옛날 자비심이 지극한 한 수행자가 있었습니다. 그는 언젠가는 기어코 부처가 되리라는 서원을 세웠습니다. 어느 날 수행을 하고 있는데 난데없이 비둘기 한 마리가 비명을 지르면서 황급히 그의 품속으로 날아와 숨으며 겁에 질려 온몸을 바들바들 떨었습니다. 곧이어 뒤따라온 매가 수행자와 그 품안에 있는 비둘기를 보더니 나뭇가지에 앉아 수행자에게 말했습니다.

"수행자여, 그 비둘기를 내게 돌려주시오. 그것은 내 저녁거리요."

"네게 돌려줄 수 없다. 나는 부처가 되려고 서원을 세울 때, 모든 중생을 다 구원하겠다고 결심을 했다."

"당신은 참 어리석소이다. 모든 중생 속에 나는 들지 않소? 당신 때문에 비둘기는 살 수 있을지 몰라도 나는 굶어 죽게 되었단 말이오. 어찌 나에게는 자비를 베풀지 않고 오히려 내 먹이를 빼앗는단 말이오."

"어쨌든 비둘기는 돌려줄 수 없다. 무슨 다른 방법이 없을까? 비둘기 대신 너는 어떤 것을 원하느냐?"

"비둘기 무게만큼의 살코기를 주시오. 그렇다면 비둘기도 살고 나도 살 수 있소."

수행자는 생각했습니다.

'살코기라면 산목숨을 죽이지 않고서는 얻을 수 없다. 그렇다고 하나를 구하기 위해 다른 목숨을 죽게 할 수 없지 않는가. 차라리 내 허벅지 살을 잘라주고 비둘기를 살리자.'

이러한 말이 우리가 들을 땐 추상적으로 들릴지 모르겠지만 오직 중생을 위해서, 진리를 위해서 살아가는 보살들은 능히 하고도 남을 일입니다.

수행자는 저울을 가져와 한쪽에 비둘기를 얹고 다른 쪽에 자신의 허벅지 살을 베어 얹었습니다. 비둘기가 훨씬 무거웠습니다. 그래서 다른 쪽 허벅지 살을 베어 얹었습니다. 그래도 마찬가지였습니다. 할 수 없이 수행자는 엉덩이, 양팔, 양다리를 다 베어 얹었으나 저울은 비둘기 쪽으로 기울었습니다. 수행자는 마침내 자신의 온몸을 저울대 위에 올려놓았고 그때서야 저울은 수평이 되었습니다.

이때 수행자는 마음속으로 빌었습니다.

'모든 중생은 다 고해에 빠져 있다. 나는 그들을 건져내야 한다. 이 고통은 중생들이 받는 고통의 십육 분의 일에도 미치지 못하리라.'

이 이야기는 《본생경本生經》에 나오는 부처님의 전생담입니다. 비둘기 생명의 무게나 사람의 생명 무게나 코끼리 생명의 무게나 똑같다는 말씀입니다.

그렇기 때문에 이러한 세계에서 볼 때는 모든 시비 분별은 마음을 깨닫지 못해서 주인이 주인 노릇을 못하는 데서 생기는 일이 됩니다.

망견이란 결국 그 평등平等한 마음, 청정清淨한 마음을 버려두고 번뇌 망상이 하자는 대로 감정의 노예 노릇한다는 얘기입니다. 결국 마음을 깨닫지 못해서 생긴 일이니 마음을 깨닫는 길로 갈 수밖에 없습니다.

하지만 망견이라는 그림자는 있는 것 같지만 실제는 없습니다. 성성적적한 그 마음을 바다라고 한다면 망견 즉 번뇌 망상은 파도입니다. 파도는 본래 없는 것인데, 바람 때문에 마치 파도라는 실제가 있는 것처럼 잘못 생각하고 있습니다. 망견에 속는 것입니다.

파도는 바람에 의해서 바닷물이 변형된 모습이지 파도의 세계는 없습니다. 그냥 그대로 공입니다. 실상을 바로 보면 그냥 고해苦海 속에서 바로 열반적정을 깨닫게 됩니다.

그래서 번뇌즉보리煩惱卽菩提라, 번뇌와 보리를 같이 보는 것입니다. 마음, 마음, 마음이여! 모양도 빛깔도 없는 이 마음을 어찌 찾는단 말입니까? 마음을 찾는다는 말은, 마음을 깨달아야 한다는 말은, 모양 없는 마음을 찾으려 하지 말고 마음을 바로 쓰는 길이 곧 마음을 깨닫는 길이라는 뜻입니다.

마음을 바로 쓴다는 말은 그냥 감정에서 일어나는 생각을 잘 쓰는 말이 아니라 무념위종이요, 무상위체無相爲體요, 무주위본無住爲本이 되어야 한다는 겁니다.

밉다고 미워하는 그 마음을 역력하게 아는 각성覺性이나, 사랑스럽다고 사랑하는 마음을 아는 각성이나 그 역력한 마음에는 사랑과 미움이 둘이 아닙니다. 진공眞空에 둘이 있을 수가 없는 까닭입니다.

그림자인 마음을 실체로 잘못 생각하여 미워하는 그림자를 싫어하거나 사랑하는 그림자를 따라가기 때문에 생멸生滅이라, 윤회輪廻가 시작됩니다.

2002년도 행복지수조사에 보면 가난하기로 유명한 방글라데시가 1위를 했고, 2011년에는 히말라야 밑에 조그마한 부탄이라는 나라가 1위를 했다고 합니다.

우리나라에서도 방글라데시를 도와주어야 한다고 구호품을 보낸 적이 있는데 생각해보면 참 알 수 없는 일입니다. 그들은 행복하고 세상이 살 만하다고 참으로 환희에 차서 사는데 그런 사람들을 도와주고 있다는 우리는 불행하고 세상이 힘들어서 자살률이 점점 높아가는 이러한 현실을 어떻게 이해해야 하겠습니까? 참 알 수 없는 일입니다.

행복한 사람에게 불행한 사람이 도움을 받아야 정상일텐데 세상이 힘들어 자살까지 하는 불행한 사람들이 행복한 이들을 제대로 도와줄 수는 있는 것일까요. 알 수가 없는 일입니다. 전부 망견에서 생기는 일입니다.

그래서 황벽희운黃檗希運(?~850) 스님은 "그러한 망견, 생사윤회生死輪廻에서 벗어나기가 어디 쉬운 일이랴. 정말 한번 죽을 힘을 다하여 수행을 하라. 찬 기운이 뼛속까지 사무친 뒤에라야 매화 향기가 코끝을 찌르리라"고 한 것입니다. 이러한 황벽 스님의 가르침은 현재 우리들이 가장 새겨들어야 할 말씀 중 하나입니다.

파도가 바닷물에서 일어나듯이 모든 생각은 공에서 일어납니다. 공에는 불평등이 없습니다. 꿈에서 깨어난 상태, 생각의 감옥에서 벗어난 상태를 공이라고 이름합니다. 착각에서 벗어나는 길, 그 길이 곧 불교요 인류를 구하는 길입니다.

너와 나, 인간과 우주가 둘이 아닌 사실을 깨닫고 서로 상생의 길로 간다면 지구상의 자원을 가지고 지금 인구의 70배가 먹고도 남는다고 하는 것입니다.

서로 더 많이 차지하려고 투쟁의 길로 가기 때문에 지금 현재 인구가 쓰기도 모자라 굶주리는 나라가 많은 것입니다. 이러한 사실을 볼 때 평등의 공, 실상의 공을 체득하는 길이 참으로 인류를 구하는 길임을 깊이 믿어야 합니다.

息見 / 오직 망령된 견해만 쉬어라

"불용구진不用求眞이요 유수식견唯須息見이라." 참됨을 구하려 하지 말고 오직 망령된 견해만 쉴지니라, 이 얼마나 아름다운 말입니까. 이 얼마나 향기로운 공의 언어입니까.

파도를 없애려고 하지 말고 바람만 잠재워라, 파도는 저절로 없어진다는 이런 가르침을 들을 수 있는 복이 어찌 작은 복이겠습니까. 스승들이 당신 생명을 바친 수행에서 직접 체험하고 나서 대자비로 한 말씀입니다.

참됨을 구한다는 것은 참됨을 모르고 있다는 의미입니다. 참됨은 연기공성이요, 중도라 참됨이 따로 없기 때문에 그 이름을 참됨이라고 한 것입니다.

여러분들 가운데 누가 눈目을 찾아 나섰다고 합시다. 눈으로 눈을 볼 수가 없어서 눈이 없다고 눈을 찾아 달라고 오만 데 찾아다니다가 집에 돌아와서 거울 앞에 섰습니다. 자기 이마에 눈이 그냥 있습니다. 이 사람이 눈을 찾았다고 좋아한다면 여러분들은 어떻게 생각하시겠습니까? 잃어버렸던 눈이라면 찾았다고 하겠지만 본래 잃어버린 일이 없었기 때문에 찾았다는 말이 성립될 수가 없습니다.

본래 잃어버린 일이 없었으니 뒤늦게나마 착각에서 깨어난 것입니다. 그래서 참됨이 아니라 이름하여 참됨이라 한 것입니다. 《금강경》에서도 "반야바라밀이 반야바라밀이 아니라 그 이름이 반야바라밀이니라"고 한 것입니다.

그것이 무엇이든지 구하는 마음 즉, 욕망이 앞서면 참됨이 아닙니다. 그런 까닭에 부질없이 참됨을 구하려 하지 말고 망령妄靈된 견해見解만 쉬라고 하는 겁니다. 잃어버린 일이 없는 눈을 찾으려는 그 마음을 쉬라는 뜻입니다. 그러려면 내 안에 완벽하게 갖추어진 그 세계, 우주와 내가 둘이 아님을 깨달아야 합니다.

황벽희운 스님에게 법을 이어받아 임제종臨濟宗을 연 임제의현臨濟義玄(?~867) 스님은 "부처를 구하면 부처를 잃게 되고 조사를 구하면 조사를 잃게 되고 도를 구하면 도를 잃게 된다"고 했습니다.

그러나 이렇게 표현한 임제 스님의 말씀도 말에 떨어지면 부처도 구하지 말아야 하고 조사도 구하지 말아야 하고 도 역시 구할 게 없다는 말로 잘못 듣게 됩니다. 이렇게 들었다면 그것은 참으로 전도顚倒된 생각입니다.

이것은 생각의 세계를 벗어나 부처니 조사니 도라는 말의 흔적까지도 초월해서 양변을 떠난 중도연기를 바로 깨달아야 한다고 고구정녕苦口丁寧 알려주고 있습니다.

그래서 참됨을 구하려고 마음을 일으킬 게 아니라 오직 일어나는 모든 망령된 견해만 쉬라고 합니다.

二見不住 愼莫追尋
이견부주 신막추심

纔有是非 紛然失心
재유시비 분연실심

두 가지 견해에 머물지 말고
삼가 좇아가 찾지 말라

잠깐이라도 시비를 일으키면
어지러이 본마음을 잃으리라

두 견해에 머물지 말라

二見 / 구하는 마음을 몰록 쉬어라

"이견부주二見不住하야 신막추심愼莫追尋하라." 두 가지 견해에 머물지 말고 삼가 좇아가지 말라. 여기에서 두 견해에 머물지 말라는 말은 두 견해 자체가 없다는 의미입니다. 본질에서 보면 두 견해가 있을 수 없다는 얘기와 같습니다.

말하자면 우리 마음이란 마치 장벽이 없는 허공과 같습니다. 그래서 달마 대사는 확연무성이라고 했습니다. 확연하여 성스러움이니 성스럽지 못함이니 하는 경계가 없다는 뜻입니다. 물론 이러한 말의 낙처는 언어의 길이 끊어진 자리요, 마음 갈 곳이 없어진 자리입니다.

그런데 우리는 벌써 한 생각 일으켜서 감정을 따라다니느라 확연한 그 마음을 스스로 모르고 있습니다. 그렇다고 참마음 따로 있고 번뇌 망상 따로 있는 것도 아닙니다.

본마음, 그 마음의 고요를 바로 보지 못하고 뭔가 구하는 마음, 욕망을 일으키는 것이 번뇌 망상인 까닭에 그 구하는 마음만 몰록 쉬어야 합니다. 욕망을 놓아버리면 바로 그 자리입니다.

우리 본마음의 고요란 따로 상相이 있는 세계가 아닙니다. 말길이 끊어진 자리, 즉 모양도 빛깔도 없는 본마음이야말로 우리 눈앞에 보고 듣는 그 자리입니다. 그런데 보고 듣는 자리라고 하면 보는 자리, 듣는 세계가 따로 있는 것으로 압니다. 전연 그런 의미가 아닙니다. 말길이 끊어진 자리를 부득이 글로 표현하려 하니 이런 허물이 나오게 마련입니다.

그러기에 옛 스승들은 "망妄에도 머물지 않고, 진眞에도 머물지 않고, 머물지 않는 곳에도 머물지 않으니, 이런 때에 대용大用을 일으키면 이 모두가 진 아님이 없다. 이를 대놓고 따로 찾을 필요가 없다고 한다면 이렇게 보는 자는 모두가 알음알이에 속는 일이다"라고 경계하며 아주 명료하게 말했습니다.

본다거나 듣는다거나, 보지 않는다거나 듣지 않는다거나 다 같은 자리입니다. 말하는 이와 말 듣는 이가 둘이 아닌 자리입니다. 그 자리는 두 견해가 있을 까닭이 없으니 머물래야 머물 수가 없습니다. 그러니 두 견해에 머물지 말고 삼가 좇아가지 말라는 것입니다.

어릴 때 무지개를 잡으려고 쫓아다녔던 기억이 있습니다. 뒷산에 오색무지개가 너무 곱게 떴기에 만져보려고 쫓아갔습니다. 바로 앞에 있어 부지런히 쫓아갔는데 아무리 뛰어가도 그만큼 떨어져 있는 겁니다. 어떻습니까? 무지개를 잡을 수가 있습니까? 무지개는 결코 잡을 수가 없습니다. 그러니 《신심명》의 한 마디 한 마디 말씀이 참으로 귀한 가르침입니다.

失心 / 생멸을 벗어난 본래 청정한 본마음

"재유시비纔有是非하면 분연실심紛然失心이니라." 잠깐이라도 시비를 일으키면 어지러이 본마음을 잃으리라는 의미입니다. 잠깐이든 아니든 한 생각 일어나면 이미 한 세계가 창조된 것입니다. 잠깐과 영원은 같은 말입니다.

한 생각 밉다는 생각을 일으키면 온몸 전체, 팔만사천 세포가 미운 세계를 창조합니다. 그런데 우리는 그 한 생각의 위력을 잘 모릅니다.

한 생각 억울했던 생각을 하면 바로 얼굴이 붉어지면서 심장이 빨리 뛰는 것을 느낄 수 있습니다. 반대로 한 생각 행복했던 기억을 일으키면 입가에 미소가 떠오릅니다. 누가 내 몸을 움직이거나 만진 일도 없이 오직 한 생각이 우리에게 미소를 떠올리게 하기도 하고 얼굴이 화끈거리게 하기도 합니다.

그 말은 생각이 우리 몸을 움직이고 있다는 뜻입니다. 나아가서 한 생각이 이 우주를 움직이고 있을 뿐 아니라 그 한 생각이 곧 생사生死라는 의미입니다.

눈앞에 보이는 모든 현상계가 쉼 없이 변해가는 무상한 세계라면 그것이 생긴 원인 역시 무상할 수밖에 없습니다. 번뇌 망상 즉 생각은 생멸이 있기 때문에 생함이 있고 멸함이 있을 수 있지만 본래 청정한 마음은 조건이나 원인이 없기 때문에 생과 멸 자체가 없습니다. 그러니 생사 또한 마찬가지입니다. 생멸의 세 계에서 벗어난 본래 청정은 생한 바가 없기 때문에 멸하는 일도 없습니다.

二由一有 一亦莫守
이유일유 일역막수

一心不生 萬法無咎
일심불생 만법무구

들은 하나로 말미암아 있음이니
하나마저도 지키지 말라

한 마음이 나지 않으면
만법의 허물이 없느니라

하나마저도 지키지 말라

一亦 / 하나가 곧 둘이요, 둘이 하나인 까닭에

"이유일유二由一有니 일역막수一亦莫守라." 둘은 하나로 말미암아 있음이니 하나마저도 지키지 말라, 하나가 없으면 둘이라는 세계는 있을 수 없습니다. 내가 있을 때 너라는 상대가 있지 내가 없는데 너라는 존재가 있을 수가 없습니다. 세상 사람들은 내가 없어도 너라는 상대가 있는 걸로 착각하는데 그건 어디까지나 착각입니다.

이것이 있음으로 해서 저것이 있고, 이것이 없음으로 해서 저것도 없다는 인연법은 그래서 진리입니다. 그러므로 옳다 그르다, 좋다 나쁘다 하는 모든 시비는 실상을 바르게 보지 못하고 자기 생각에 속고 있는 것입니다. 그래서 앞에서 분연실심紛然失心이라고 한 것입니다. 그 이유는 하나가 곧 둘이요, 둘이 하나인 까닭에 하나마저 지키려고 해서는 안 된다고 하는 것입니다. 옳은 게 없어지면 그른 것도 자연히 없게 됩니다.

그런데 우리 사회는 그른 것만 없애고 옳은 것으로만 채우려니 어려울 수밖에 없습니다. 우주 존재 원리가 그게 아니기 때문입니다. 낮과 밤이 반반인 게 존재 원리인데 낮으로만 채우겠다는 생각은 대단히 위험한 생각 아닙니까. 그런데도 우리는 매사에 그런 유혹에 빠지는 게 사실입니다.

無咎 / 다만 할 뿐

"일심불생一心不生하면 만법무구萬法無咎니라." 한 마음이 나지 않으면 만법의 허물이 없느니라, 여기에서 한 마음이 나지 않는다는 말은 대단히 어려운 말입니다. 한 마음이 나지 않는 무념을 위해서 정말 애써본 사람은 그 말씀이 얼마나 어렵다는 것을 잘 압니다.

일체의 생각이 끊어진 자리, 생각이 일어나기 이전 본래의 참 나를 깨달은 자리, 바로 그 자리를 말합니다. 그러면 아예 생각이 없는 자리라고 이해를 하는 사람이 있을지 모르나 그런 목석 같은 자리는 결코 아닙니다.

생각 속에서 생각에 끄달리지 않기에 다만 보면 볼뿐, 들으면 들을 뿐, 그것 뿐입니다. 슬플 때도 그대로, 기쁠 때도 그대로, 방황할 때도 그대로, 살아서도 그대로, 죽어서도 그대로 사뭇 이것 뿐입니다.

그러니 한 마음이 일어나지 않으면 허물될 일이 있을 까닭이 없어집니다. 그런데 우리는 그 근본인 마음을 다스리려고 하는 게 아니라 그 생각, 한 생각 일어난 그림자인 허물만 다스리려니 바로 전도몽상이 됩니다.

無咎無法 不生不心
무구무법 불생불심

能隨境滅 境逐能沈
능수경멸 경축능침

허물이 없으면 법도 없고
나지 않으면 마음이랄 것도 없음이라

주관은 객관을 따라 소멸하고
객관은 주관을 따라 가라앉는다

주관은 객관을 따라 소멸하고

不生 / 생각에서 일어난 그림자일 뿐

"무구무법無咎無法이요 불생불심不生不心이라." 허물이 없으면 법도 없고 나지 않으면 마음이랄 것도 없음이라는 뜻입니다. 여기에서 허물이 없다는 것은 한 생각 일어나지 않았다는 말입니다. 한 생각 일어나지 않았다는 말은 무념위종이 되었다는 의미입니다. 일체처一切處 일체시一切時에 나 아닌 존재가 없다는 것입니다. 모든 상대가 끊어진 자리입니다. 내가 따로 존재할 때 나니 너니, 옳으니 그르니 하는 법이 생겨나는데, 내가 없어졌으니 그런 법이 있을 수가 없습니다.

그렇게 되면 마음이라는 세계 또한 없습니다. 당연한 일입니다. 부처니 예수니, 극락이니 천당이니 그러한 모든 명사는 인간이 이름을 만들어 붙였지 본래 있었던 일이 아닙니다.

그렇게 자세히 관찰해보면 이 세상이니 저 세상이니 하는 것도 생각 아닌 게 없습니다. 모든 게 생각에서 이뤄진 그림자입니다. 그래서 《화엄경》에서는 이렇게 말합니다.

마음은 화가와 같아서
능히 모든 세간을 그려내나니
오온이 다 여기서 생겨나고

짓지 못할 법이 아무것도 없네

마음과 같이 부처 또한 그러하고

부처와 같이 중생도 그러하니

마땅히 알라, 부처나 마음이나

체성은 모두 다함이 없도다.

만약 어떤 사람이 마음이

온 세간을 널리 짓는 줄을 안다면

이 사람은 곧 부처를 보아

부처의 진실한 성품을 알게 된 것이로다.

마음은 몸에 머물지 않고

몸 또한 마음에 머물지 않는데도

능히 부처와 같은 일을 함이

자유자재하여 가능할 수가 없도다.

만약 어떤 사람이

삼세의 모든 부처를 알고자 한다면

마땅히 법계의 모든 성품을 보라

일체는 오직 마음이 짓는 것이로다.

心如工畵師 能畵諸世間 五蘊悉從生 無法而不造

如心佛亦爾 如佛衆生然 應知佛興心 體性皆無盡

若人知心行 普造諸世間 是人卽見佛 了佛眞實性

心不住於身 身亦不住心 而能作佛事 自在未曾有

若人欲了知 三世一切佛 應觀法界性 一切唯心造

　내가 부처라는 얘기는 내가 그냥 도 안에 있다는 말입니다.
그래서 부처님은 팔십 평생을 도에 어긋나지 말라 했습니다. 즉
마음 수행하는 일 그 일을 최우선으로 가르쳤습니다. 부처님이
일대사인연一大事因緣을 위해서 오셨다는 말씀이 바로 그 의미
입니다. 부처님은 감정이 일어나는 근본 원리 즉 마음 깨닫는 법
을 위해서 한평생 살았습니다.

　나고 죽고, 죽고 나는 이러한 모든 것이 한 생각 일어났다 멸
하는 것이라면 그 생각 일어나는 자리를 깨닫지 못하고서는 결
코 영원한 행복은 얻을 수 없습니다. 내 마음이 불행하고 화가
나면 모든 것은 불행하게 보이고 내 마음이 행복하면 모든 것이
행복하게 보이지만은 이것은 어디까지나 일어났다 멸하는 하나
의 꿈속 일이지 결코 실상의 일이 아닙니다.

　그래서 법에 의지할지언정 사람에 의지하지 말라고 한 것입니
다. 법이라고 하는 것은 우리 마음의 근본이요, 사람에 의지한
다는 것은 이해를 따라다니는 그림자이기 때문입니다. 부처님의
가르침은 오직 만 중생의 행복을 위해서지 당신을 위한 것도 아
니요, 그 누구를 위한 것도 결코 아니라는 사실입니다. 그러니
해태심에 속지 말고 죽으나 사나 부지런히 정진할 수밖에 없습
니다.

能沈 / 주관이 따로 홀로 존재할 수 없어

"능수경멸能隨境滅하고 경축능침境逐能沈한다." 주관主觀은 객관客觀을 따라 소멸하고, 객관은 주관을 따라 가라앉는다고 이어지는데, 어디까지가 주관이고 어디까지가 객관입니까?

주관이란 말도 객관이란 말도 결국은 인간들의 생각에서 나온 이야기입니다. 주관이라고 하는 내가 나 혼자 주관이 될 수가 없는 법입니다.

객관인 공기와 대지와 태양 등 모든 우주 자연이 하나가 되어서 '나'라는 주관이 성립되지 '나'라는 주관이 따로 홀로 존재할수가 없습니다. 그리고 주관이니 객관이니 하는 것이 남아 있으면 모두가 양변에 머무는 것입니다. 양변에 머물러 있으면 중도가 될 수 없습니다.

境由能境 能由境能
경유 능경 능유경능

欲知兩段 元是一空
욕지양단 원시일공

객관은 주관으로 말미암아 객관이요
주관은 객관으로 말미암아 주관이니

양단을 알고자 할진댄
원래 하나의 공이니라

원래 하나의 공이니라

"경유능경境由能境이요 능유경능能由境能이니." 객관은 주관
으로 말미암아 객관이요, 주관은 객관으로 말미암아 주관이라
고 이어집니다.

주관 안에 객관이 있고 객관 안에 주관이 있습니다. 주관, 객
관 모두가 공입니다. 주관도 객관도 그렇지만 어두움과 밝음, 크
다 작다, 너다 나다 하는 모든 시비분별이 다 그렇습니다.

어두움이란 밝음이 있다가 밝음이 사라진 상태이지 어두움이
따로 존재하는 게 아닙니다. 밝음 또한 어두움이 왔다가 어두움
이 사라진 상태일 뿐이지 밝음이란 세계가 따로 있는 게 아닙니
다. 즉 어두움과 밝음은 주관과 객관으로 나누어질 수가 없다
는 얘기입니다. 이 방이 캄캄하여 어두움에 쌓여 있을 때 전등
불 하나만 켜면 어두움이 흔적도 없이 사라집니다. 어두움이 옆
방으로 피신 간 것도 아니고 어디로 숨은 것도 아닙니다. 어두움
자체는 없는 것입니다. 어두움이라고 말하는 그 어두움은 밝음
이 없는 상태일 뿐입니다.

어두움이 우리가 말하는 죄업罪業이라고 한다면 죄업이란 실
체가 따로 있는 게 아니라 우리들 마음 광명을 밝히지 못한 상
태라는 사실을 알게 됩니다. 어두움이란 밝음이 없는 상태일 뿐

어두움이 따로 있는 것이 아니듯 우리 죄도 또한 그렇습니다.

그렇다고 죄라는 세계가 아예 없다는 말로 들으면 그것 또한 잘못 듣는 것입니다. 죄의 본질을 바로 깨달아야 한다는 뜻입니다. 마음을 밝히지 못하고 방황하면 죄업이요, 마음이 공한 줄을 깨달아 바로 보면 죄업 또한 본질이 공함을 알 수 있습니다. 파도의 본질이 바닷물인 것과 같습니다.

그래서 내가 지은 죄는 당연히 내가 책임져야 한다는 생각으로 살아간다면 스스로 당당해질 수 있습니다. 다시 말해서 내가 좋아서 일으킨 생각인 만큼 어두움 즉 그림자에 매昧하지 않아야 합니다.

그 말은 인생은 내가 사는 것이지 누구도 대신 살아줄 수가 없다는 뜻입니다. 태양을 향해서 밝은 광명으로 걸어가든지 태양을 등지고 어둠을 향해서 걸어가든지 스스로 결정할 일입니다.

一空 / 원래 하나의 공이니라

"욕지양단欲知兩段인댄 원시일공元是一空이라." 양단兩段을 알고자 할진댄 원래 하나의 공이니라는 의미로 원래 하나의 공이라는 것을 바로 보라는 가르침입니다. 주관도 공 위에 있고 객관도 공 위에 있다는 사실을 알아야 합니다.

덧붙이자면 사람은 대지에 의지해 살고, 대지는 허공을 의지해서 돌아가고, 허공은 우주의 대진리 즉, 도에 의해서 존재하고, 그 도는 생멸이 끊어진 무분별無分別에 의해서 운행됩니다.

인간이 대지에 의지해 산다는 말은 대지를 벗어날 수가 없다는 뜻입니다. 그러기에 지구는 대지를 의지해 살아가는 모든 생명과 하나가 되어 천야만야한 허공을 돌고 돕니다.

그런데 그게 제멋대로 돌고 있다면 우리는 벌써 다른 별과 충돌하여 박살이 났을 겁니다. 그 많은 별들이 각자의 길을 돌고 있는 것이 도입니다. 제가 좋아하는 독일 문학의 거장 괴테 Johann Wolfgang von Goethe(1749~1832)의 시를 한번 옮겨보겠습니다.

모든 것이 제멋대로 구르는 듯해도
사실은 하나로 얽혀 있다네
우주의 힘이 황금 종을 만들어
이들을 떠안고 있다네
하늘 향기 은은히 퍼져 나가니
그 품에 지구가 휘감기누나
모든 것이 향기를 쫓아
조화로이 시공을 채우누나

휘몰아치는 생명의 회오리 속에서

나도 파도도 다 함께 춤춘다

삶과 죽음이 있건만

영원의 바다는 쉼 없이 출렁이누나

변화하고 진동하는 저 힘이

바로 내 생명의 원천

오늘도 먼동이 트는 아침에

거룩한 생명의 옷을 짜노라

젊어서 이 시를 읽으면서 인간은 지구를, 지구는 허공을, 허공은 도에 의해서 모두가 하나가 되어 돌아가는 그러한 세계를 이렇게 아름다운 시로도 표현할 수가 있구나 하면서 감명받았던 기억이 납니다.

주관이니 객관이니 하는 두 가지를 알고자 따라간다면 모두가 생멸법이 되고, 양단이 허물이므로 이것을 바로 알면 전체가 공함을 보게 됩니다. 다시 말해, 주관도 공 위에 있고 객관도 공 위에 있다는 사실입니다. 이 공함은 양변을 여읜 동시에 진여가 현전함을 말합니다.

一空同兩 齊含萬象
일공동양 제함만상

不見精麤 寧有偏黨
불견정추 영유편당

하나의 공은 양단과 같아서
삼라만상을 모두 다 포함하며

세밀하고 거칠음을 보지 못하거니
어찌 치우침이 있겠는가

하나의 공은 양단과 같아

同兩 / 인류문명에 끼친 흑백논리의 해악

"일공동양一空同兩하야 제함만상齊含萬象이라." 하나의 공은 양단과 같아서 삼라만상을 모두 다 포함하며…라고 이어지고 있습니다.

우리가 잘못 알고 있는 것 가운데 하나가 공입니다. 공하다고 하면 아무것도 없는 걸로 알거나 아니면 텅 빈 허무한 걸로 아는 경우가 더러 있습니다. 그러나 공의 세계는 그러한 세계가 아닙니다. 만약 그렇게 알았다면 그건 단멸공斷滅空에 빠진 것입니다.

앞에서 말한 주관도 객관도 양단 모두 공이라는 것은 양단을 부정하는 쪽에서 한 말씀이고, 긍정하는 쪽에서 얘기하자면 공이 바로 양단이 됩니다. 그래서 옛 스승들은 '공이라고 하여 파계破戒하고 악업惡業을 짓는 이는 무간지옥無間地獄에서 나올 기약도 없다'고 했습니다.

공도 아니요 공 아닌 것도 아니라는 이런 말이 얼른 이해가 안 된다면 우리가 흑백논리에 익숙해져서 그렇습니다. 이거냐 저거냐, 옳다 그르다 등 그러한 흑백논리에 익숙해져서 바로 들리지 않습니다. 이것 아니면 저것이라야 한다는 흑백논리가 인류문명에 끼친 해악을 우리는 너무나 모르고 있습니다.

이것이면서 저것이 될 수 있고, 저것이면서 이것이 되는 원융 무애의 세계에서 보면 참으로 안타까운 일인데 그런 문제의식조차 간직하지 못하고 있다는 게 더 안타까운 일입니다.

내 앞에 앉아 있는 저 사람이 내 입장에서는 남쪽에 앉아 있다고 하지만 그 앞에 앉아 있는 사람의 입장에서 보면 북쪽에 앉아 있는 게 됩니다. 남쪽도 옳지만 북쪽도 옳다는 이 사실이 얼마나 아름답습니까.

내 입장에서는 내가 옳지만 상대방 입장에서는 상대방이 옳다고 생각합니다. 이러한 옳고 그름의 논리로 인간 세상은 너무 많은 전쟁이 있어 왔고 지금도 싸우고 있습니다. 이러한 싸움으로 소비되는 에너지가 너무도 아깝습니다.

진정한 참회懺悔란 내가 옳다는 고집, 내가 옳다는 생각을 일체 다 놓아버린 상태입니다. 내가 옳다는 생각이 아예 없는 자리가 진참회眞懺悔입니다. 그렇기 때문에 "욕지양단欲知兩段인댄 원시일공元是一空"이라고 하고, 바로 이어서 "일공동양一空同兩 하야 제함만상齊含萬象"이라고 한 것입니다.

그래서 둘을 버리고 하나가 된다면 그 하나는 그대로 둘이라는 것입니다. 참 묘한 말씀입니다. 하나의 공의 양단 즉, 둘과 하나이기에 그대로 평화입니다.

그러한 까닭에 제함만상이라, 일체 세상만사 삼라만상이 하나의 공 가운데 건립되었다는 가르침이 실로 놀라울 따름입니다.

이미 까마득한 그 옛날의 말씀이 현대의 이론을 능가하고 있습니다.

다시 말해서 '일공동양' 하는 하나의 공은 일체 모든 세상을 포함한 공이면서 불공이라, 세상 삼라만상이 공이면서 공이 아니라는 소리입니다. 나무 한 그루, 풀 한 포기 그 어느 것 하나 공성연기 아닌 게 없고, 그대로 중도입니다. 그러면서 진여연기眞如緣起 법계연기法界緣起라는 차별이 일어나서 일체 우주를 다 포함하게 됩니다.

그래서 성철 스님은 옛 조사의 예를 들면서 '산은 산이요 물은 물이라'고 한 것입니다. 여기서 '산은 산이요' 하면 산을 생각한다든지 '물은 물이라' 하면 물을 생각한다면 그건 벌써 어긋난 일입니다. '한 가지 공이 양단과 같아서 삼라만상을 다 포함한다'는 뜻을 확실히 알지 못하는 것입니다. 중도연기가 아닙니다. 그렇게 보면 《신심명》의 가르침과는 거리가 멀어집니다.

偏黨 / 한평생을 낭비하고 있어

"불견정추不見精麤어니 영유편당寧有偏黨가." 세밀하고 거칠음을 보지 못하거니 어찌 치우침이 있겠는가, 성성적적한 고요에는 미워하는 마음도, 원망하는 마음도 없습니다. 일체 시비 분별이 끊어진 일공一空입니다. 그 하나의 공에 무슨 개념이 붙을 수가 있겠습니까.

하나의 공이 양단과 하나이기 때문에 세밀하고 거친 것이 다르지 않습니다. 따라서 공이 곧 공이 아니요 공 아님이 곧 공입니다. 그대로가 원융무애로서 자유자재 대해탈인데 세밀함이니 거칠음이니 하면서 어디에 기울리가 있겠습니까. 그러니 편당偏黨이 있을 리가 없습니다.

이런 글을 보면서 어디 먼 세상 얘기로 생각하면 안 됩니다. 우리들 각자 스스로의 본모습을 보여주는 가르침으로 내 마음의 고향 소식입니다. 마음의 눈을 뜨면 누구나 스스로 부처라는 그 사실입니다. 부처란 모자란 것을 어디 가서 꾸어오는 일도 아니요, 없는 것을 새로 만드는 일도 아니요, 우리들 누구에게나 본래 갖추어진 무한능력을 깨닫는 일입니다.

그런데 우리는 한평생 그러한 무한능력을 찾는 일에는 관심이 없습니다. 어쩌면 너무나 큰 무한능력이기에 엄두가 나지 않는지 몰라도 우리는 너무나 조그만 욕망에 붙들려서 그 욕망 심부름하느라고 한평생을 낭비하고 있습니다. 생사윤회의 무서움을 아니 느낄래야 아니 느낄 수가 없습니다.

그래서 '세밀하고 거칠음을 보지 못하거니 어찌 치우침이 있겠는가' 하는 이 말씀이 우리에게 소중한 것입니다.

大道體寬 無易無難
대도체관 무이무난

小見狐疑 轉急轉遲
소견호의　전급전지

큰 도는 본체가 넓어서
쉬움도 없고 어려움도 없거늘

좁은 견해로 여우같은 의심을 내니
서둘수록 더욱 더디어진다

여우같은 의심을 내지 말라

大道 / 육안으로 볼 수 없어

"대도大道는 체관體寬하야 무이무난無易無難이어늘." 큰 도는 본체가 넓어서 쉬움도 없고 어려움도 없다는 것은 큰 도는 본체가 너무나 넓고 넓어서 우리 눈으로는 볼 수 없다는 뜻입니다. 넓고 넓다고 하니 넓은 공간이 있는 것으로 아는데 그런 것은 아닙니다. 가없다는 말이요, 공이라는 의미입니다.

지금까지 많이 강조해온 얘기입니다만 대도는 우리들 각자 자신의 참모습입니다. 연기공성으로서 내 모습입니다. 그러나 육신肉身의 눈인 육안肉眼으로 볼 수 있는 세계는 아닙니다. 육안으로는 모양 있는 세계밖에 볼 수가 없습니다. 일체의 모든 세계는 마음이 만들어낸 세계이니만큼 마음 따라 변하기 때문입니다.

사실 우리가 육안으로 볼 수 있는 세계는 정말 얼마 안 됩니다. 총알이 눈에 보인다면 총 맞아 죽을 사람이 어디 있겠습니까. 분명히 총알이 날아오고 있는데도 총알이 너무 빨라 우리 육안으로는 볼 수 없기 때문에 총알을 맞습니다. 또 온 들판에 피는 들꽃이 분명히 피어나고 있지만 피어나는 그 속도가 느려 우리 육안으로는 볼 수가 없습니다. 총알은 너무 빠르기 때문에 볼 수가 없고, 들꽃이 피는 모습은 너무 느리기 때문에 볼 수가 없듯이 우리 눈으로 볼 수 있는 세계는 얼마 안 된다는 얘기입니다.

우주 법계의 본체에 비하면 육안으로 보는 세계는 마치 넓은 축구장 안에서 점 하나 보는 정도밖에 안 됩니다. 그 점 하나 정도를 보면서 우리는 모두 다 보는 것처럼 착각하고 있습니다. 그러면서 보고 듣는 것에 집착하고 내가 보는 게 전부이고 옳다고 고집을 하고 있습니다.

그래서 《금강경》에서 부처님은 육안만이 아니라 천안天眼, 혜안慧眼, 법안法眼, 불안佛眼 등 다섯 가지 눈이 있다고 가르치고 있습니다. 천안은 사물의 근본을 통찰하는 직관의 힘입니다. 혜안은 사물이 본래 정해진 실체가 없다는 이치를 보는 지혜의 눈입니다. 법안은 인연 따라 일어나는 만상을 하나하나 빠짐없이 훤히 보는 안목입니다. 불안은 일체가 여여함을 깨친 부처의 지견입니다. 불안으로 볼 것 같으면 쉽다 어렵다 하는 둘이 아니라는 가르침입니다. 욕망의 눈이 육안이라면 그 욕망이 없어진 상태가 천안입니다. 천안에서만 보더라도 모든 생명은 하나의 하늘이라는 한 지붕 아래 존재하고 있으며 하나의 대지라는 한 방에 같이 살고 있습니다. 대지나 하늘 입장에서 보면 하늘을 나는 새도, 뒷산에 사는 노루나 토끼도, 벌이나 나비도 인간과 꼭 같은 생명이요, 한 건물에 사는 한 가족입니다.

그런데 대도는 하늘이 감싸지 못하고 대지가 싣지 못합니다.

하물며 거기에 잘났다 못났다 하며 싸울 일이 어디 있으며, 네 종교 내 종교가 어디 있겠습니까. 따라서 쉽다 어렵다는 자체가 없습니다. 그래서 성인과 악마가 손잡고 춤을 춘다고 하는 겁니다. 이 다섯 가지 눈도 개별적으로 따로 존재하는 것이 결코 아닙니다. 우리들 마음이 열린 만큼 보이기 때문에 마음이 얼마만큼 열려 있느냐, 그 차이입니다.

깨달음의 세계가 곧 불안인데 불안의 세계가 곧 대도입니다. 그러한 대도에서 보면 그 본체에는 벽이나 간격이 없기 때문에 쉽다 어렵다는 이분법二分法이 결코 성립될 수 없습니다. 그래서 "대도는 본체가 넓고 넓어서 쉬움도 없고 어려움도 없다"고 한 것입니다.

小見 / 나와 남이라는 벽을 만들고

그 다음이 "소견호의小見狐疑하여 전급전지轉急轉遲로다"입니다. 좁은 견해로 여우같은 의심을 내니 서둘수록 더욱 더디어진다는 뜻으로 좁은 견해란 생각의 감옥에서 벗어나지 못하고 있는 것을 말합니다. 자기 생각, 자기 감정에 스스로 속고 있다는 뜻입니다.

생각의 세계라는 것이 이상한 면이 있습니다. 마치 내 생각이 나의 전부인 것처럼 나를 지배합니다. 그렇다고 생각 자체가 고정되어 변하지 않는 것도 아닙니다. 우리의 생각은 변해가는 그림자요, 환영입니다. 그 그림자를 실상으로 잘못 알다보니 좁은 소견이 될 수밖에 없습니다.

좁은 소견에서는 나와 남이라는 벽이 생기고 벽을 사이에 두고 그 안에 들어가면 내 것이라고 좋아하고 밖에 있는 것은 모두 남이 되다 보니 세월호와 같은 참사가 일어났습니다. 세월호 참사를 보면서 참으로 안타까운 마음 금할 길이 없습니다. 어째서 GNP(국민총생산) 2만 달러가 넘는 나라에서 이런 일이 일어날 수가 있는 건지 참담할 뿐입니다. 우리가 마음 닦는 시간도 다 뺏기고 GNP 2만 달러를 이루느라고 정신없이 달려온 것입니다. 남을 배려하고 양보하는 마음과 정신 문화를 위해서 써야 할 시간을 오로지 2만 달러를 버는 데 다 빼앗겨버렸습니다.

국민 일인당 2만 달러를 벌면서 얻은 것도 참 많겠지만 잃은 것이 더 많지 않은지 깊이 고민해볼 때입니다. 경제력 2만 달러이면 정신문화 지수도 2만 달러에 걸맞도록 지금이라도 노력할 때 경제력 2만 달러가 우리 재산이 될 수 있습니다. 그러나 경제력만 2만 달러이고 정신문화는 몇 천 달러밖에 안 된다면 그 경제력은 우리 삶에 행복을 안겨줄 수 없습니다.

같은 이치로 모든 중생이 다 부처임을 확신하지 못하는 사실이 여우같은 의심입니다. 모든 중생의 본질이 스스로 완벽한 부처임을 믿지 못하고 무언가 밖에서 따로 부처를 구하는 마음이 있을수록 서두르게 되고 그럴수록 더디어질 수밖에 없습니다.

내가 부처임을 믿고 하는 수행은 따로 부처를 구하지 않고 번뇌, 망상만 철저히 내려놓으면 바로 대도를 이룰 수 있습니다. 그렇지 못하고 부처를 새로이 찾고자 한다면 계속 구하는 마음을 따르게 되니 구하는 마음이 욕망이 되어 더디게 되고 멀어집니다.

그래서 조사 스님들은 '한 생각 일어나는 것이 곧 태어남이요, 한 생각 사그라지는 것이 죽음이라. 나고 죽는 문제를 해결하고자 할진대 생각 일어나고 없어짐을 다스릴 줄 알아야 한다'고 가르쳤습니다. 사람들은 즐거운 생각이 일어나는 그 자리나 괴로운 생각이 일어나는 그 자리나 근본이 꼭 같다는 가르침을 번번이 놓치고 있습니다.

근본으로 돌아가서 보면 즐겁고 괴로움이 둘이 아니지만 감정이 일어난 다음 그 그림자를 따르다 보면 즐거운 생각에는 즐거움이 따르고 괴로운 생각에는 괴로움이 따르게 마련입니다. 그렇기 때문에 즐겁다 괴롭다 나누어지기 이전 근본 자리를 바로 보아야 합니다.

생각을 따르는 감정의 노예가 되지 말고 생각을 일으키는 근본을 바로 깨달아야 집착에서 벗어나는 길이 보입니다. 여우와

같은 의심의 세계, 자기를 스스로 믿지 못하는 세계에서 벗어나
야 합니다.

執之失度 必入邪路
집 지 실 도 필 입 사 로

放之自然 體無去住
방 지 자 연 체 무 거 주

집착하면 법도를 잃게 되고
반드시 삿된 길로 들어감이라

놓아버리면 본래로 되어
본체는 가거나 머무름이 없도다

지팡이를 놓아버려라

執之 / 손님이 주인 행세하는 집착

"집지실도執之失度라 필입사로必入邪路요." 집착하면 법도法度
를 잃게 되고 반드시 삿된 길로 들어감이라, 이렇게 이어지고 있
습니다.

무엇이든지 나만 위해주기를 바라는 마음은 집착을 만듭니
다. 설사 백 번 내 생각이 옳다고 하더라도 옳고 그름이 둘이 아
닌 법의 도리에서 보면 고집이 될 뿐이요, 집착이 될 뿐입니다.

충주 석종사에는 스님과 재가수행자 등 150여 명의 대중들
이 살고 있습니다. 상당히 많은 숫자입니다. 그런데 석종사뿐만
아니라 어느 도량을 가든지 그 도량에는 개미나 곤충, 다람쥐나
박새 등 온갖 새와 동물들이 살고 있습니다. 몇 천만 억도 더 되
는 생명들이 함께 살고 있습니다.

그런데 사람들은 그 산과 땅에다가 경계선을 그어놓고 여기까
지는 우리 땅이요, 저 산은 누구네 땅이니 하며 집착을 하고 있
습니다. 그러나 그 땅에는 우리보다 몇 백 년, 몇 천 년 전부터
자기네 터전이라고 집을 짓고 살아오는 개미와 지렁이 등 온갖
생명이 조상 대대로 주인으로 살고 있습니다. 그런 생명들 입장
에서 볼 때는 사람들이라는 게 일 년에 몇 번 왔다가는 정도 즉,
'월세 사는 놈들'이 주인이라고 행세하는 걸 보면 이상한 놈이라

고 할 겁니다.

그만큼 사람들은 모든 생명들이 함께 살아가는 터전으로서 자연을 바라보지 않고 인간들끼리 서로 경쟁을 하고 투쟁을 하면서 네꺼니 내꺼니 집착하면서 살고 있습니다. 지구라는 큰집에서 볼 때는 인간이나 모든 생명이 꼭 같은 손님일 뿐입니다.

그 가운데서 인간만이 손님임을 망각하고 주인 행세를 하며 환경을 파괴하고 있다는 사실이 참으로 부끄러운 일입니다. 집착이 얼마나 우리 자신을 흐리게 만드는지 모릅니다.

우연한 기회에 영화를 한 편 보았는데, 그 내용이 가히 충격이었습니다. 외계에 있는 우주인이 이 지구를 살려야 한다고 부단히 노력하다가 이 지구를 살리는 길은 지구에 살고 있는 모든 인간을 멸망시켜야만 된다는 결론을 내립니다. 그래야만 인간보다 수천만 배 수억만 배 되는 그 많은 생명을 살릴 수 있기 때문입니다. 이건 정말 깊이 생각해봐야 할 일입니다.

인간만이 지구의 주인인 양하는 그릇된 집착에서 벗어나는 길, 그 길을 찾지 못하면 법도를 잃을 수밖에 없습니다. 법도를 잃게 되면 지구에서 쫓겨나는 겁니다. 지구를 잃게 되는 거지요. 그러니 이 지구를 살리려면 사람이 없어져야 된다고 하는 이러한 생각 자체가 가히 충격적인 의미로 다가옵니다. 그러니 집착이 반드시 삿된 길로 들어가게 되는 건 당연한 이치입니다.

우리는 파사현정破邪顯正이라고 하면 삿된 모든 것을 없애고 바른 것을 나타내야 되는 걸로 아는데 파사가 현정이요, 현정이면 파사입니다. 삿된 마음만 놓아버리면 그 자리가 바로 바른 것입니다. 삿된 것과 바른 것 둘이 있어서 하나를 없애고 하나를 새로 세우는 그런 길이 아닙니다. 고로 집착하면 바로 삿됨이요, 집착을 놓아버리면 바로 바른길입니다.

집착은 우리 생각에서 나옵니다. 생각은 감정을 일으켜 집착을 하게 되니 법도를 잃게 됩니다. 생각에 얽매이면 집착이요, 생각에서 자유로우면 법도입니다. 그래서 법도가 없는 그 자리가 삿된 자리지 바른길 따로 있고 삿된 길 따로 있는 것이 아닙니다.

불안청원佛眼淸遠(1067~1120) 선사가 '어떤 사람은 나귀를 타고 나귀를 찾고, 어떤 사람은 타고 있는 것이 나귀인 줄 아나 나귀에서 내릴 줄 모른다'고 하였습니다. 이것은 깨달은 이치에 집착하여 능히 생각을 잊지 못하는 것을 의미합니다. 부디 삿됨이니 바름이니 하는 것을 버리고 둘이 아닌 자리를 깨달아서 임운등등任運騰騰하기를 발원합니다.

自然 / 진리는 일체 이름이 끊긴 자리

"방지자연放之自然이니 체무거주體無去住라." 놓아버리면 본래 그러하니 본체는 가거나 머무름이 없도다, 여기에서 우리가 잘 못 생각하고 있는 것 가운데 하나가 바로 자연이라는 단어입니다. 자연이라고 이름 지은 '자연'은 이미 자연이 아니기 때문입니다. 자연만이 아니고 일체 이름 있는 모든 것은 인간들의 생각으로 포장한 명사名詞일 뿐입니다.

나무 한 그루만 보더라도 참나무니 소나무니 하는 것들은 자신들 스스로 이름을 가지고 온 것도 아니고 나무들이 인간들에게 작명을 부탁한 일도 없는데 사람들 임의대로 그렇게 이름 지어 놓은 것입니다. 나무 입장에서는 소나무나 참나무라고 인정하지 않을 것입니다.

나무만이 아닙니다. 부처니, 중생이니, 공이니, 중도니 이 모두가 그렇습니다. 그래서 임제 스님은 '부처를 만나면 부처를 죽이고 조사를 만나면 조사를 죽이라'고 한 것입니다. 조사 스님들의 자비가 이와 같고 이와 같습니다.

오직 법을 소중히 아는 스승만이 해줄 수 있는 가르침인데도 사람들은 그러한 고마움을 전혀 모르고 있습니다. 오히려 자기 생각의 세계로 도를 끌어내리며 표현이 과격하다거나 거칠다고 하는데 결코 그렇지 않습니다. 왜냐면 진리는 일체 이름이 끊긴 자리이기 때문입니다. 이름 즉, 명상名相을 끊어주기가 쉽지 않습니다. 그 명상을 끊어주기 위해 큰 자비에서 나온 조사 스님의 말씀이거든요. 부처라는 이름, 조사라는 이름까지 초월하여 참 부처의 실상을 깨달아야 한다는 뜻입니다.

수행하는 이들이 자기 생각에 속지 말고 부지런히 정진하여 도에 도달해야 하는데 부지런히 걷지는 않고 가만히 앉아서 도를 자기 생각의 차원으로 끌어내리려고 합니다. 그렇기 때문에 이러한 표현들이 과격하다고 생각되는 것입니다. 이와 같이 우리들 스스로 이름 붙여 놓고 그 이름에 얽매여서 모든 것을 판단하고 있습니다.

이 세상 그 어느 것 하나 생각의 감옥 아닌 게 없습니다. 내가 업을 만들었는데 업이 오히려 주인이 되어 나를 끌고다니고 있습니다. 내 생각에 내가 속는 것입니다.

요즘 학생들이 가상의 세계인 게임에 중독되어 간다고 모두들 걱정하고 있는데 게임만 가상의 세계가 아닙니다. 우리 눈앞에 보이는 현실도 생각이 만들어낸 가상의 세계입니다. 생각의 세계를 환영이라고, 가상의 세계라고 깨우쳐 주신 부처님이나 스승들을 생각하노라면 '십 년 앞을 내다보면 십 년 동안 외로울 수밖에 없고, 백 년 앞을 내다보면 백 년 동안 홀로일 수밖에 없다'고 한 옛말이 생각납니다.

스승들은 참 외롭고 안타까웠을 것 같다는 생각을 하면서 거듭 사족을 붙이자면 자연이란 자연이라고 하는 내가 없는 자리, 이름이 붙기 이전 소식입니다. 그러니 자연이란 생명이 존재하는 데 결코 모자람이 없습니다. 왜냐하면 한 몸이기 때문입니다.

그런데 먹고 사는 데 모자란 이유는 인간들의 욕망 때문입니다. 이 이치를 바르게 알아야 합니다. 일체를 놓아버리고 일체 명상이 끊어지니 자연 그대로 대도입니다. 여여한 대도, 허공성은 오거나 가거나 머무름이 있을 수 없습니다.

우리가 인도를 가거나 미국을 가거나 그 어디를 가더라도 사람이 가는 것이지 허공이 간 일이 없습니다. 머무름이 있어야 가는 게 있고 가는 게 있어야 머무름이 있지 가고 오는 게 없으면 머무름이 있을 수가 없는 것입니다.

기차를 타고 갈 때 나는 가만히 앉아 있는데 유리창 너머 풍경이 휙휙 지나갑니다. 이것은 바로 전도몽상입니다. 그러니 '본체는 가거나 머무름이 없다'는 것은 참으로 우주의 본체를 보여준 소식이요, 사람들이 깨달아야 할 자연의 본체입니다. 결코 모자람이 없는 자연의 본체를 깨달을 때 상생의 길, 평화의 길이 됩니다.

任性合道 逍遙絶惱
임성합도 소요절뇌

繫念乖眞 昏沈不好
계념괴진 혼침불호

자성에 맡기면 도에 합하여
소요하여 번뇌가 끊어졌네

생각에 얽매이면 참됨에 어긋나서
혼침함이 좋지 않느니라

생각에 얽매이면 참됨과 어긋나

合道 / 허공이 항상 함께 있는 것과 같아

"임성합도任性合道하야 소요절뇌逍遙絶惱하니"라고 이어집니다. 자성에 맡기면 도에 합하여 소요逍遙하여 번뇌가 끊어졌다는 뜻입니다.

불인요원佛印了元(1032~1098) 선사가 "천야만야한 허공 중에 매달려서 두 손을 놓아버린 경지가 아니고서 임성합도의 말을 증명하려 든다면 배가 몹시 고픈데 밥을 말로 아무리 해봐야 소용없는 비유와 같거늘 어찌 사람을 속이려 하는가"라고 했습니다.

깨닫지 못한 사람이 깨달은 경지를 말하기는 어려운 것입니다. 성품性品이 하는 대로 노닐어도 전혀 도에서 벗어남이 없을 때 바로 성품이 도이고 도가 곧 성품입니다. 그러니 합合하고 말고 할 게 없습니다.

'일체 집착심이 멸하고 생각이 끊어지면 자성이 독로獨露라.' 천야만야한 낭떠러지에서 손을 놓아버리니 그대로 도와 하나입니다. 번뇌 망상이 모두 사라지니 소요 그대로요, 도 그대로입니다. 하기야 그대로 번뇌가 끊어진 곳이라고 해도 이미 그르친 겁니다. 이미 입을 열면 그르쳤다는 말도 추상적으로 들으면 안 됩니다.

소요라고 하면 벌써 소요가 아닙니다. 짚을 이고 불 속으로 들어가는 줄 알고 이 글을 쓰는 것이기 때문에 듣는 것도 또한 마찬가지인 줄 알아야 합니다.

허공이 항상 나와 함께 있으니 합한다는 말이 맞지 않는 것도 같은 이치입니다. 허공은 행주좌와行住坐臥 그 어느 때도 떨어질래야 떨어질 수 없는 상태입니다. 도 역시 늘 같이 있는 허공과 같습니다.

그럼에도 우리는 허공과 하나되어 살고 있다는 사실을 모르고 있습니다. 내 생각, 내 감정에 꺼들려서 울고 웃으면서 살아갑니다. 그러나 허공은 완전 평등하여 삼라만상을 떠안고 있건만 사람들은 자기가 만들어 놓은 불안 속에 힘들어 하고 불평등을 만들어 서로 경쟁을 하고 있습니다.

성성적적한 본마음으로 살아가면 완전한 평화요, 일체가 구족되어 모자람이 없는 삶입니다. 일어나는 감정대로 살아가면 생멸무상법生滅無常法이라 항상 충족되지 않고 모자란 삶입니다. 그러하니 일어나는 감정대로 사느냐, 주인공 자연 본체로 사느냐는 오로지 각자 자기가 알아서 해야 할 몫입니다.

昏沈 / 성성적적 본래 자신을 놓치지 말라

"계념繫念하면 괴진乖眞하야 혼침昏沈이 불호不好니라." 생각
에 얽매이면 참됨에 어긋나서 혼침함이 좋지 않느니라, 참선하다
가 졸고 있으면 혼침에 빠져 있다고 하는데 사실 혼침 아닌 것
이 없습니다. 내가 내 자신을 깨닫지 못한 상태, 성성적적이 아니
면 모두가 혼침입니다.

평소에 우리의 수행을 잘 관찰해보면 혼침 아니면 산란散亂입
니다. 참진리에는 어긋남이라는 게 없지만, 조금이라도 생각에
얽매이면 그 자체가 진리와는 어긋난 것입니다.

혼침에 대해서 조금 더 얘기를 하겠습니다. 제가 해인사 선방
에서 성철 스님을 모시고 참선할 때 새벽 3시가 되면 성철 스님
이 가끔 경책警策을 나옵니다. 경책이라고 하는 것은 참선할 때
앉아서 조는 사람을 때려서 깨우는 것을 말합니다. 그 경책하
는 모습을 보면 선지식따라, 스승따라 다 다릅니다. 구산九山秀
蓮(1910~1983) 스님은 주장자로 때로는 큼직한 장군죽비로 사정
없이 두들겨 패기도 하고, 성철 스님은 물푸레나무 회초리를 세
개 정도 들고 와서 그 세 개를 한 손에 들고 사정없이 등짝을 후
려갈깁니다.

한번 맞고 나면 정신은 번쩍 들지만 감정은 상할 대로 상하게

됩니다. 그러니 화두 드는 데는 집중하지 못하고 성철 스님이 들어오는가 안 들어오는가 그 발자국 소리 듣느라고 거기에 온통 신경을 쓰게 됩니다. 비록 졸지는 않았다 하더라도 산란이라 혼침과 다를 바 없습니다. 화두일념話頭一念이 안 되고 성철 스님께 두들겨 맞지 않을 생각만 하고 있었으니 혼침과 산란은 같은 말이라는 뜻입니다.

번뇌 망상이 위로 오르면 산란이라고 하고 밑으로 가라앉으면 혼침이라고 합니다. 성성적적한 본래 내 자신을 놓친 세계를 모두 다 혼침이라고 합니다. 그 모든 것이 본래 주인공과 하나가 돼서 사는 게 아니라 생각에 얽매여서 두들겨 맞지 않으려고 하거나 아니면 잘한다는 말을 들으려고 하는 생각에 얽매이니 이미 본체에서 빗나간 것입니다. 참됨에 어긋나게 되는 것이요, 혼침에 속고 있음이라. 그러니 혼침이 좋지 않을 수밖에 없습니다.

본래의 참됨에는 어긋나거나 어긋나지 않음이 없지만 생각에 얽매였기 때문에 어긋난 것입니다. 한 생각 일어나면 바로 혼침인 것이니 항상 깨어 있으라고 강조하는 것입니다. 우리 생각이 얼마나 간사한지 겨울 한참 추울 때는 여름을 그리워하다가 초여름 날씨가 좀 덥다 싶으니 이제 겨울을 그리워합니다. 생각이라는 게 그때그때 자기 감정과 욕망에 따라 움직이는데 우리는 그 간사한 생각을 따라가느라 '참나'를 늘 배신하고 있습니다.

분명히 내가 생각을 일으키는 주체인데 감정이 마음대로 안 된다는 게 정말 억울한 일 아닙니까. 그런데도 우리는 그게 당연한 것처럼 길들여져 있습니다. 그래서 중생이라고 이름하는 것입니다.

중생이란 내가 부처임을 모르고 이 몸을 '나'라고 잘못 생각하는 상태를 말합니다. 이 몸이란 어머니 태 안에서 열 달 동안 지수화풍地水火風 네 가지 원소를 빌려다가 만들어진 것입니다. 빌려온 기간만큼 사용하다가 빌려온 기간이 끝나면 다시 지수화풍 사대四大로 돌아가야 합니다.

이 사대가 보고 듣고 걸어다니며 생각하는 것이 아닙니다. 그렇다고 허공이 보고 듣고 하는 게 아닐진대 과연 이 몸을 운전하고 다니는 나의 주인은 누구입니까. 연기공성, 제법무아인 '참나'를 바로 보면 부처요, 미하면 중생입니다.

허응보우虛應普雨(1515~1565) 선사는 조선시대 승과고시僧科考試를 부활시켜 인재를 발굴하였습니다. 첫 번째 시험에서 '청정본연淸淨本然하거늘 운하홀생산하대지云何忽生山河大地냐?'라는 문제를 제시했습니다. 이 말은 《수능엄경首楞嚴經》에 나오는 것인데, 본래부터 청정하고 성성적적한 주인공, 본래 부처의 세계인데 어찌하여 홀연히 산하와 대지 등 모든 유위의 형상이 생겨서 많은 중생이 생사윤회 속에 허덕이는가 하는 의미입니다.

그러한 과거 시험문제를 전국에 방을 붙였습니다. 그때 내로라하는 스님들이 와서 답을 했으나 모두 불합격이었습니다. 해가 뉘엿뉘엿 질 때쯤에야, 우리가 알고 있는 청허당淸虛堂 서산 휴정西山休靜(1520~1604) 대사가 도착합니다. 같은 문제를 거량 하되 바로 답하기를 "청정본연한데 무슨 산하대지가 있겠습니 까?"라고 답합니다. 참으로 멋있는 답입니다. 그래서 승과에 급 제하였습니다. 여기에 대해서는 더 이상 설명을 안 붙이겠습니 다.

不好勞神 何用疎親
불호노신 하용소친

慾趣一乘 勿惡六塵
욕취일승 물오육진

정신을 괴롭힘이 좋지 않거늘
어찌 성기고 친함을 쓸 것인가

일승으로 나아가고자 하거든
육진을 싫어하지 말라

무상대도를 얻고자 한다면

勞神 / 남의 탓이 아니라 내 탓

"불호노신不好勞神커든 하용소친何用疎親가." 정신을 수고롭게
함이 좋지 않거늘 어찌 멀리하고 친함을 쓸 것인가. 친하고 멀리
함이 있어서 정신을 괴롭힌다는 이 말은 평등성인 우리 본마음
을 모르고 있다는 뜻입니다. 그렇기 때문에 우리는 평생 동안 자
기 스스로 정신을 괴롭힙니다. 거의 혹사시키는 정도입니다.

몸은 피곤하면 쉬어주기도 하고 아프면 치료받기도 합니다. 그
러나 우리 정신은 몸이 쉬는 휴식시간에도 계속 괴롭힘을 당합
니다. 이 정신은 다른 사람이 괴롭힐 수 없고 오직 자기 자신만
이 괴롭힐 수 있습니다.

그러니 정신을 괴롭히고 괴롭히지 않는 것은 남의 탓이 아니
고 순전히 내 탓입니다. 이미 지나가버린 과거를 가슴에 부여잡
고 놓지 못하기 때문입니다. 수시로 다시 떠올려 생각하기를 반
복하면서 정신을 괴롭히는데 주로 인간과의 관계에서만 그렇습
니다.

예를 들자면 1959년 9월에 한반도를 지나간 '사라호'라는
태풍이나 2003년 9월에 '매미'라는 큰 태풍이 있었습니다. 우
리나라에 입힌 피해는 대단했습니다. 그러나 그 태풍을 부여
잡고 태풍을 상대로 소송을 하거나 다투느라고 정신을 괴롭히

는 사람은 없었습니다. 그 말은 태풍은 이미 지나갔기 때문에 마음에 붙들고 있지 않다는 뜻입니다. 생각에서 내려놓았다는 말입니다.

생각에서 놓아버리면 정신을 괴롭힐 일이 없습니다. 내 마음의 상처로 남아 있어서 정신을 괴롭히고 있다는 얘기는 내 자신이 과거를 붙들고 있으면서 놓지 못하고 있다는 의미입니다. 내 마음의 상처나 분노는 모두 내 자신이 붙들고 있으면서 놓지 못하는 내 감정입니다. 이미 지나가버린 과거사를 붙들고 환영과 싸우고 있습니다.

한번 지나가버린 강물에 두 번 다시 손을 씻을 수 없다는 말과 같이 이미 지나간 일은, 사실은 현재에 없는 일인데 우리가 환영에 속는 것입니다. 태양 빛이나 대지는 악한 사람이나 선한 사람이나 똑같이 평등하게 대하기에 친하고 성긴 게 없습니다. 텅 빈 상태로 좋다 나쁘다는 분별이 없습니다. 그런 까닭에 허공은 믿음 그 자체라 좋다 나쁘다 하는 생각 자체가 아예 일어나지 않는 것입니다.

무심 상태이니 이렇게 믿는 게 참믿음입니다. 우리 마음도 이와 같이 된다면 친하고 성김만 없는 게 아니라 정신을 괴롭힐 생각 자체가 없어진다는 진리의 말씀입니다. '불호노신不好勞神 하용소친何用疎親'이라는 가르침은 우리에게 소중한 보배를 보여주는 길이요, 언제 깨달아도 깨달아야 할 본래 고향소식입니다.

一乘 / 육근 육진 그 모두가 일승의 세계

그 다음으로 "욕취일승欲趣一乘이어든 물오육진勿惡六塵하라"
고 합니다. 일승一乘으로 나아가고자 하거든 육진六塵을 싫어하
지 말라는 뜻입니다. 앞에서 이야기한 정신을 괴롭히는 원인은
육진을 싫어하기 때문입니다. 일승과 육진은 경계가 없습니다.
상대적인 개념이 아니기 때문입니다.

일승은 무상대도를 의미하지만 말로 설명이 되는 세계가 아
닙니다. 그러니 이론으로 이해하려고 하지 말고 직접 체험해 자
기 삶이 되어야 합니다. 육진을 싫어하지 않는다는 말은 이 세
상에 싫어할 게 하나도 없다는 말이요, 좋고 나쁜 양변을 초월
했다는 뜻입니다. 양변을 여읜 중도 즉 연기공성이 일승이라는
의미입니다.

다시 육진에 대해서 살펴보겠습니다. 사람은 누구나 태어날
때 눈眼, 귀耳, 코鼻, 입舌, 몸身, 의식意 등 여섯 가지 감각기관인
육근六根을 구비하고 나옵니다. 육근에서 작용이 일어나면 눈은
색色 즉 경계를 보고, 귀는 소리를 듣고, 코는 냄새를 맡고, 입은
맛을 보며, 몸은 촉감을 느끼고, 의식은 온갖 생각을 일으킵니
다. 주관인 육근이 만나는 객관 즉, 색色, 성聲, 향香, 미味, 촉觸,
법法 여섯 가지 상대를 육진이라고 합니다.

사족을 붙이자면 육근이란 외부에서 정보를 받아들이는 눈, 귀, 코, 입, 몸 다섯 가지와 내부에서 정보를 분석하는 의식意識으로서, 여섯 가지 주관을 말합니다.

다섯 가지 오근은 외부에서 색성향미촉 다섯 가지 경계를 받아들이고, 내부에서 정보를 분석하는 의식은 온갖 삼라만상이라는 현상계 즉 일체 세상법을 판단하고 정리하는 것입니다.

그런데 판단하는 의식이 사실 있는 그대로 판단하는 것이 아니고 과거에 자기가 축적해놓은 경험 즉 업에 의해서 판단하게 됩니다. 그래서 그 판단이 객관적이지 못하고 자기중심적이라 문제가 될 수밖에 없습니다. 그래서 온갖 분별로 채색된 허구적인 차별상인 변계소집성遍計所執性이 되는 것입니다.

그렇기 때문에 육근이란 업의 그림자요, 육진이란 육근의 그림자일 뿐입니다. 거기에서 더 나아가 주관인 눈이 객관인 색을 만나면 좋다 나쁘다 하는 분별을 일으킵니다. 또는 '저 산에 핀 들국화가 흰색이다 보라색이다'라고 분별을 하게 되는 것입니다.

또, 귀로 음악을 듣고 있다고 할 때 그냥 듣기만 한다면 귀는 이근耳根이요, 소리는 성진聲塵인데 거기에서 이 음악 소리는 클래식이다 판소리다 흥타령이다 하고 분별하는 식이 나오게 됩니다. 이러한 분별이 내 잠재의식에 익힌 습관에 따라 좋다 나쁘다 하는 분별식分別識을 만들고, 나아가서 색성향미촉법에 따른 안식眼識, 이식耳識, 비식鼻識, 설식舌識, 신식身識, 의식意識의 육식

六識이 생기게 되는 것입니다. 이렇게 육근, 육진, 육식을 합해서 십팔계十八界라고 하는데 우리가 보고 듣는 모든 세계가 십팔계 안에서 이루어집니다.

이 몸을 자동차라고 한다면 자동차가 달리는 것도, '빵빵'하며 소리를 내는 것도, 자동차를 세우는 것도 모두 운전사가 하는 것입니다. 그래서 운전사가 모든 걸 움직이니 운전사는 일승이고 자동차는 육근 육진이구나, 이렇게 생각하면 이미 알음알이에 빠졌다는 사실을 알아야 합니다.

운전사와 자동차가 하나가 되어야 속도를 내고 달리는 자동차가 되는데 이때는 자동차와 운전사가 둘이 아닙니다. 운전사와 자동차가 하나가 되어 속력이 나오는 겁니다.

말을 하는 내 입장에서는 설근舌根인데 듣는 상대방 입장에서는 이근耳根이라고 하니, 이름만 다를 뿐 육근의 체體는 같습니다.

과연 육근이 작용하는 그 업이 어디서 나왔습니까. 우리들 생각에서 나온 것입니다. 바로 한 생각 일으킨 결과물입니다. 큰 파도건 작은 파도건 모두가 바닷물에서 나온 것입니다. 애당초 바닷물입니다. 육근이라는 파도건 육진이라는 파도건 한 마음에서 나온 겁니다. 그러니 생멸하는 연기공성을 깨달으면 보고 듣는 육근 육진 그 모두가 일승인 것입니다.

《신심명》에서는 이 모든 말과 생각에서 언어의 길이 끊어지고 마음 갈 곳이 멸한 자리를 보여주려고 이렇게 고구정녕 가르치고 있는 것입니다. 오직 일승의 세계를 깨닫게 하기 위함입니다. 그래서 일승으로 나아가고자 하거든 육진을 싫어하지 말라고 하는 것입니다.

六塵不惡 還同正覺
육진불오　환동정각

智者無爲 愚人自縛
지자무위　우인자박

육진을 싫어하지 않으면
도리어 정각과 같음이라

지혜로운 자는 함이 없거늘
어리석은 사람은 스스로 얽매이도다

소리 없는 소리를 들어야

不惡 / 길 없는 길

"육진불오六塵 不惡하면 환동정각還同正覺이라." 육진을 싫어하지 않으면 도리어 정각正覺과 같음이라는 이 말은 육진이 정각에서 나오고 있다는 말과 같습니다.

귀라는 근根으로 누가 엄청나게 모함하는 소리를 들었다거나 아니면 눈이라는 근으로 남이 토해놓은 오물이 내 옷을 더럽힌 것을 보더라도 내 본질, 내 근본 마음에는 모함당하거나 더럽혀지지 않았다는 사실을 역력하게 보고 감정에 끌려가지 않는다면 모든 육진은 육진이 아니라 깨달음의 작용입니다.

그렇게 되면 육진이 나를 어떻게 할 수 없습니다. 이러한 이치를 성성적적이라고 합니다. 마치 바다에서 물거품이 천번만번 일어났다 사라졌다 하더라도 바다 그 자체는 일어났다 꺼졌다 하는 일이 본래 없는 이치와 같습니다.

여기에서 더 나아가 물거품 자체가 바닷물이라는 사실을 알면 생하고 멸하는 자체가 그림자임을 깨닫게 됩니다. 내 안에서 육근 육진을 통하여 일어나는 일체의 생각인 좋다 싫다, 밉다 곱다, 너다 나다 하는 모든 분별은 바닷물에서 일어나는 물거품과 같다는 의미입니다.

이러한 차원에서 '육진불오'를 우리 삶에서 살펴보면 내 단점,

내 못된 성질이라는 물거품을 어떻게 다스려나가야 하는가 길이 보입니다. 자기 자신의 단점이나 부족하다고 느끼는 그 생각을 자신의 본질이라는 바닷물에서 일어나는 물거품으로 보고 연기공성을 깨달으면 그 길이 곧 길 없는 길입니다.

길 없는 길이란 언어의 길이 끊어진 자리입니다. 생각의 한계를 벗어난 길이며 대자유의 길입니다. 그러나 대자유니 생각의 한계니 하는 말의 흔적이 있으면 이미 길 없는 길이 아닙니다. 그렇기 때문에 옛 스승들은 언어의 길을 끊어주고 마음 갈 곳을 멸하게 하기 위해 길 없는 길을 할喝과 방棒으로 보여주었습니다.

본마음에서 보면 나의 모든 단점과 못된 성질까지도 모두 내마음 본질에서 일어나는 파장일 뿐이요, 습관일 뿐입니다. 자기단점이라는 물거품은 싫어할수록 더 강해집니다. 바닷물을 휘저으면 물거품이 더 일어나는 이치와 같습니다. 자기 단점을 사랑하도록 해보십시오. 누가 뭐라 해도 지금 이 단점과 성질은 나를 있도록 만들어준 소중한 나입니다. 오늘 이 자리에 있을 수 있도록 나를 유지시켜왔기에 있는 그대로인 지금의 나를 고맙게 생각해야 합니다.

그런 뒤 내 못된 성질이 일어나는 근본을 자세히 관觀해 보십시오. 나의 못된 성질이 내 본마음에서 나오고 있다는 사실을 깨닫게 됩니다. 그러한 이치를 바로 보면 제법무아 연기공성인

참나를 보지 않을 수가 없습니다. 그래서 옛 스승들은 이렇게 노
래했습니다.

본시 산에 사는 사람이라
산중 이야기를 즐겨 나눈다
오월 솔바람을 팔고 싶으나
그대들 값 모를까 그게 두렵네
本是山中人 愛說山中話 五月賣松風 人間恐無價

여기서 산이 과연 어떤 산인가, 산중 이야기가 어떠한 이야기
인가 한번 깊이 생각해볼 일입니다. 그리고 오월 솔바람을 팔고
싶으나 모든 중생들이 믿지 못하는 게 참으로 안타깝다는 스승
들의 대자대비를 느낄 수 있어야 합니다. 그 느낌이 발심發心으
로 이어져야 합니다.

無爲 / 소리 없는 소리를 들어야

"지자무위智者無爲어늘 우인자박愚人自縛이로다." 지혜로운 자
는 함이 없거늘 어리석은 사람은 스스로 얽매이도다, 지혜로운

이는 생사가 없는 대자유의 삶을 사는데 어리석은 이는 생사윤회에 구속당하는 삶을 산다는 의미입니다. 여기에서 말하는 지혜로운 이와 어리석은 이는 차이가 없는 한 사람입니다.

다만 무위無爲의 삶을 사는 사람이면 지혜로운 부처이고, 스스로 구속당하며 살면 어리석은 중생이라는 말입니다. 바로 보면 부처와 중생의 차이는 없습니다. 엄청난 차이라고 생각해왔던 중생들의 고정관념을 몰록 깨뜨려주는 말씀입니다.

즉 지자智者와 우인愚人은 한 생각 차이입니다. 당나라와 송나라에 이르기까지 650여 년의 세월을 대표하는 팔대문장가 중한 사람이라는 천재 소동파蘇東坡(1037~1101)는 20세 약관弱冠의 나이에 진사가 되어 벼슬길에 올랐습니다. 또 형남이라는 곳에서 자사刺使를 지냈습니다. 젊은 나이에 벼슬을 하니 그 도도함이 대단했습니다. 가는 곳마다 고승들을 찾아다니며 토론하기를 좋아했는데 자기 자신의 박학다식함을 자랑하기 위함이었습니다. 소동파 자신이 《화엄경》80권을 다 외우다시피 기억하는 천재라서 "《화엄경》어디에 어떤 내용이 나오는지요?" 하면서 주로 외우고 기억하는 것에 대해 묻기를 즐겼습니다.

옥천사玉泉寺에 도가 높은 승호 선사承皓禪師라는 선지식이 계신다는 소문을 듣고, 점검해 보겠다는 의욕이 생겼습니다. 어느 날 소동파는 승호 선사를 찾아갔습니다. 그러나 선사는 소동파의 교만한 행동을 보고 그의 의도를 간파하고는 묻습니다.

"누구신지요?"

"내 성姓은 칭가秤哥요."

중국에는 칭 씨가 없어 "칭 씨라니요?" 하고 다시 물었습니다.

그러자 소동파는 "천하 선지식의 무게를 달아보는 칭가란 말이오"라고 안하무인격으로 대답했습니다. 저울 칭 자를 써서 스님들 실력이 얼마나 되는지 저울질하러 다닌다는 뜻입니다.

그 말이 떨어지자마자 선사가 "할喝" 하고는 고함을 질렀습니다.

"이 할이 몇 근이나 됩니까?"

소동파는 여기에서 콱 막히게 됩니다. 여기서 막혔다는 말은 인생이 어디서 왔다가 어디로 가는지 인생의 근본 문제를 모르고 있다는 사실입니다. 내가 누구인가를 모른다면 내가 알고 있다는 것이 꿈속에서 잠꼬대하는 일과 다르지 않습니다. 소동파 스스로 저울이라고 했으니 그랬던 것입니다. 소동파는 여기에서 참으로 넓은 세상이 있다는 걸 실감하고 발심하게 됩니다.

그 후 흥룡사 동림상총東林常總(1025~1091) 선사를 찾아가 "스님, 저는 제방 여러 고승들을 찾아뵙고 법을 청해들었는데도 아직도 내가 누구인지를 모르겠습니다. 참나를 깨닫지 못하고 있으니 답답합니다. 부디 이 답답한 마음을 풀어주십시오" 하고 법을 청합니다.

한참 뜸을 들이던 상총 선사가 "어찌 무정설법無情說法은 들으려 하지 않고, 유정설법有情說法만을 청하십니까?"라고 일깨워

줍니다.

　유정설법은 남의 소리라 소리가 있는 소리요, 무정설법은 자기 소리라 소리가 없는 소리, 무언無言의 설법입니다.

　소동파는 그길로 소리 없는 설법, 무정설법이 과연 어떤 세계일까, '이 뭐꼬?' 하는 의문의 극점極點에 이를 때까지 나를 잊은 채 오직 그 한 생각에 몰두했습니다. 말이 가는대로 갔다가 길을 잃고 다시 산모퉁이를 돌아오는 순간, 산골짜기 폭포 앞에 도달했습니다. 떨어지는 폭포 소리에 확연히 깨닫고 게송을 읊습니다.

　계곡 물소리 부처님의 장광설이요
　산색 또한 그대로 청정법신이라
　밤새 본 팔만사천 이 법문을
　뒷날 후인에게 어찌 전할 수 있을까
　溪聲便是長廣舌 山色豈非淸淨身
　夜來八萬四千偈 他日如何擧似人

　이렇게 눈이 열렸습니다. 스스로 얽매인 중생이 한 생각 차이로 무위의 지혜인이 된 것입니다. 속박을 벗고 나니 무위입니다. 지혜로운 사람과 어리석은 사람은 동일한 사람으로 둘이 아닙니다. 마음을 깨달았느냐, 미했느냐의 차이일 뿐 같은 한 사람이라는 뜻입니다.

法無異法 妄自愛着
법무이법 망자애착

將心用心 豈非大錯
장심용심 기비대착

법은 다른 법이 없거늘
망령되이 스스로 애착하여

마음을 가지고 마음을 쓰니
어찌 크게 그릇됨이 아니랴

소를 타고 소를 찾는구나

法無 / 입을 열면 그르친다

"법무이법法無異法이어늘 망자애착妄自愛着하야." 법은 다른 법이 없거늘 망령되이 스스로 애착한다고 이어집니다. 무위라는 대자유와 자박이라는 속박이 둘이 아니니 법에 다른 법이 있을 수가 없습니다.

여기에 대해 조사 스님은 일갈一喝하시기를 "이미 다른 법이 없거늘 애착이 어디 있겠느냐. 어찌 스스로 망령되이 애착이라고 하느냐. 조사의 깊은 뜻을 간파하지 못하면 모두 알음알이일 뿐이다"라고 했습니다.

법에는 일체 다른 법이 없다면 망령됨이니 애착이니 하는 법은 무엇입니까? 입을 열면 그르치게 됩니다. 허공虛空에 무엇이 있다면 이미 허공이 아닙니다. 우리는 '허공'하면 벌써 앞산에서 내가 서 있는 이곳까지 그 사이 빈 공간을 생각하는데, 허공은 나는 물론이거니와 앞산이나 뒷산이나, 모양이 있거나 없거나 모두 공입니다.

있는 모양이 없어져 공이 되는 것이 아니고 모양 있는 그대로 공입니다. 예를 들면, 기둥과 주춧돌, 서까래와 대들보, 기와 등 모든 것이 각각 따로따로 있으면 집이라는 세계는 없습니다. 다만 인연이 모여 있는 동안 집이라고 하는 이름이 생겼을 뿐입니다.

그래서 연기공성입니다. '모양이 분명하게 눈앞에 있는데 왜 공이냐?'고 하겠지만 이것이 진리입니다. 물리학에서 입자가 곧 파장이요, 파장이 곧 입자라고 가르치지만 불교에서는 견해가 다릅니다.

눈에 보이는 바깥세계를 증명하려는 사람이 공이라고 하면 이미 공이 아닙니다. 관찰하는 주관이 남아 있다면 그것은 결코 공이 아닙니다. 주관인 나와 객관인 사물을 따로 보는 안목으로 공을 증명한다는 사실 자체가 이미 공과는 거리가 멀어집니다. 환영인 망상으로 인해 스스로 애착하는 것입니다. 꿈속에서 본 금덩어리를 사실로 생각하고 애착하는 것과 같습니다. 남의 이야기 같이 생각되지만 우리가 살아가는 현재의 모습이기도 합니다.

처음부터 달은 둥그런 보름달 하나뿐인데 초승달이니 반달이니 하면서 따로 있다고 속는 것과 같습니다. 달은 지구의 그림자에 의해서 초승달도 되고 반달도 되는 것이지 따로 초승달도 있고, 반달도 있는 것이 아닙니다.

그렇기 때문에 자연이 나를 봐야지 내가 자연을 보는 동안은 '망자애착'하는 것입니다. 이 말은 나라고 하는 생각 즉 일체 번뇌 망상이 사라지고 무심이 되면 우주 자연과 하나가 된다는 의미입니다. 자연이 보는 바 없이 나를 보는 '법무이법'이 됩니다. 그러나 보는 내가 있는 동안은 '법무이법'이 될 수 없습니다.

用心 / 소를 타고 소를 찾는구나

"장심용심將心用心하니 기비대착豈非大錯가." 마음을 가지고
마음을 쓰니 어찌 크게 그릇됨이 아니랴는 말은 눈을 가지고
눈을 보려고 하니 이 어찌 어리석지 않느냐 하는 뜻입니다. 자신
의 눈으로 자기 눈을 볼 수 없는데 눈을 찾아다니는 일은 참으
로 어리석다는 의미입니다.

찾으려는 마음이 구하는 마음입니다. 서산휴정 대사는 그의
제자 소요逍遙(1562~1649) 스님에게 "우습구나! 소를 찾는 사람
이여, 소를 타고 다시 소를 찾는구나"라고 한탄하며 가르침을 주
었습니다. 이 말이 그렇게 간단한 말은 아닙니다.

우리는 스스로 부처인 줄 모릅니다. 그 말을 듣고 '아! 내가 부
처구나' 하는 순간 이미 중생심衆生心이 되어버리니 무심삼매를
체험하지 않고서는 설명하기가 쉽지 않습니다.

인간은 한평생 마음으로서 마음을 쓰고 있습니다. 그런 어리
석음에서 벗어났던 일이 일찍이 없었습니다. 만약 잠을 자다가
'내가 자고 있구나'라고 생각했다면 그 사람은 이미 잠에서 깬
상태입니다. 그러니 없는 마음에서 벌써 한 생각 일으킨 마음
즉, 망상이 일어난 것입니다. 자고 있다는 한 생각이 일어났다면
이미 잠을 자고 있는 것이 아니듯이 말입니다.

그렇다고 눈을 가지고 눈을 보지 못한다고 하니까 눈을 찾을
게 아니라 눈을 찾으려는 생각만 놓아버리면 된다고 하는데, 찾
겠다는 생각만이 아니라 일체 생각이 끊어져야 합니다. 눈을 감
으면 아무것도 안 보입니다. 눈을 찾았느냐 못 찾았느냐의 문제
가 아니고 눈을 떴느냐 못 떴느냐의 차이입니다. 눈을 뜨기 위
해서 수행 정진하는 것입니다.

부처를 구하는 것이나 참선參禪을 하여 마음을 깨닫는 것 모
두 마음을 가지고 마음을 쓰는 것입니다. 크게 그르쳤다고 하지
만, 마음을 가지고 마음을 쓰지 않는 일이 찰나刹那인들 있겠습
니까?

눈을 뜨지 않고는 바로 보기가 정말 어려운 일입니다. 그렇기
때문에 '크게 그릇됨'이라는 말에 속지 말고 마음을 가지고 마
음을 쓰지 않으려면 반드시 마음의 눈을 떠야 한다는 원력願力
을 세워야 합니다. 그 마음이 본래 공하다는 청정으로 돌아가지
않고는 크게 그릇됨이라는 그 말 자체를 알기가 어렵습니다. 참
으로 애쓰고 애써볼 일입니다.

迷生寂亂 悟無好惡
미생적란 오무호오

一切二邊 良由斟酌
일체이변 양유짐작

미혹하면 어지러움과 고요함이 생기고
깨달으면 좋음과 미움이 없나니

모든 상대적인 두 견해는
자못 짐작하기 때문이로다

깨달으면 좋음과 미움이 없다

好惡 / 양변에 떨어진 삶

"미생적란迷生寂亂이요 오무호오悟無好惡이니라." 미혹迷惑하면 어지러움과 고요함이 생기지만 깨달으면 좋음과 미움이 없다고 했습니다. 미하다는 말은 깨닫지 못했다는 말입니다. 미한 것이 따로 있는 게 아닙니다.

다시 말해서 눈을 뜨지 못했다는 것입니다. 눈을 뜨지 못하면 캄캄하고, 눈을 뜨면 환하게 밝습니다. 눈만 뜨면 어두움 즉, 미함은 없습니다.

그러나 이렇게 생각했다면 이미 양변에 떨어졌다는 사실을 알아야 합니다. 미함만 없는 게 아니라 깨달음도 없을 때 바른 깨달음인 것입니다.

어두움이니 밝음이니 분별하는 '놈'은 누구며 이렇게 아는 '놈'은 누구입니까? 이 몸이 분별하는 게 아니요, 그렇다고 허공이 보고 듣는 게 아닙니다. 그런데 역력하게 보고 듣고 합니다.

고요하다거나 어지럽다고 느끼는 그 자리나 좋다 나쁘다고 느끼는 자리나 같은 자리 즉, 그 이름이 자리입니다. 어지러움을 싫어하고 고요함을 좋아하는 그 생각이 남아 있는 동안은 분명한 깨달음을 성취하기가 어렵습니다. 결국 생각에 놀아나고 있습니다.

그래서 참선의 문에서는 좋다 나쁘다, 미혹하다 깨달았다 하는 생각이 일어나기 이전 본래 주인 자리를 '부모미생전父母未生前 본래면목本來面目이 무엇이냐?' 하고 이것을 줄여서 '이 뭐꼬?' 하며 참구參究합니다.

'부모님 몸에서 나기 이전 참나는 누구인가?' 하고 참구하는 건데 여기서도 자칫 속기 쉽습니다. 왜냐하면 '참나'라고 하면 나라고 하는 실체가 따로 있는 것으로 알기 때문입니다.

조사 스님들께서 '참나'라고 하는 것은 연기공성으로서의 나, 제법무아로서의 나입니다. 다시 말해서 있는 내가 아니고 없는 나를 말함입니다. 그런데 이를 듣는 사람들은 '참나'라고 하는 또다른 실체가 있는 것처럼 잘못 이해합니다. 생멸이 없는 도리, 연기공성인데 실체가 있다고 생각하는 전도몽상에 빠지게 됩니다.

우리는 있다 아니면 없다 둘 중에 하나만 되는 것으로 잘못 알고 있습니다. 양변에 떨어진 삶에 익숙해서 옳다 그르다 하는 흑백논리에 빠져드는 것입니다.

여기에서 벗어나는 길이 중도연기인데 연기공성에 대해서 설명하더라도 공은 설명할수록 그르치게 됩니다. 있는 것도 아니요 없는 것도 아닌 존재 원리를 모르기 때문입니다. 그래서 공이란 체험이 중요합니다. 부디 체험해 보시기 바랍니다.

二邊 / 본래 하나인 원리를 모르고

"일체이변一切二邊은 양유짐작良由斟酌이로다." 모든 상대적인 두 견해는 자못 짐작斟酌하기 때문이라는 뜻입니다. 꿈을 꾸고 있는 동안 꿈속에서 일어나는 일은 모두 상대적인 개념입니다. 왜냐하면 꿈이냐 꿈이 아니냐 하는 것으로 나누어져 있기 때문입니다. 밤에 잘 때 꾸는 꿈만 꿈이 아닙니다. 마음을 깨닫지 못하고 감정에 꺼들려 다니는 일, 이것 또한 꿈입니다.

상대적인 견해에 빠져 살다보니 새해와 묵은해를 나누게 되고, 너와 나를 분별하게 됩니다. 한평생 분별하고 편을 나누다보니 본래 하나인 원리를 모를 수밖에 없습니다.

《반야심경》에 불생불멸不生不滅이라는 구절이 나옵니다. 생生하는 일도 없고 멸滅하는 일도 없다는 뜻입니다. 추상적인 말이 아닙니다. 오온五蘊이 공하기 때문입니다.

바구니를 바닷물 속에 집어넣으면 내 바구니든지 다른 사람 바구니든지 똑같은 바닷물이 가득 들어옵니다. 이때 각자 입장에서 보면 분명히 바닷물이 들어왔으니 생하는 것 즉, 태어난 것입니다. 그리고 바구니를 들어 올리면 바닷물이 빠져 나가고 없어집니다. 멸하는 것 즉, 죽음입니다. 그러나 바닷물 입장에서 보면 생한 일도 멸한 일도 없습니다. 바구니에 물이 가득 들어왔다

빠져 나갔다고 할 때 바닷물은 그대로이니 불생불멸입니다.

우리 몸이라는 바구니에 영혼이 들어왔느니 나갔느니 하는 일이 이와 같습니다. 그렇게 볼 때 한평생 살아가면서 얻었다느니 잃었다느니, 태어났다느니 죽었다느니 하는 것은 모두가 꿈속에서 착각하고 있을 뿐입니다.

왼손에 들고 있는 물건을 오른손에 옮겨 들었다고 하면 손의 입장에서 보면 달라졌지만 내 입장에서 보면 그냥 내가 갖고 있는 것입니다.

토끼와 거북이의 우화에서 토끼가 충분히 일등할 수가 있었는데 한잠 자는 바람에 거북이한테 졌다고 흔히들 생각합니다. 그건 어디까지나 우리 인간들 입장입니다. 대지 입장에서 보면 일등이든 꼴등이든 운동에너지가 있었을 뿐 달라진 게 없습니다. 만일 운동에너지 활동량을 기준으로 보면 아마도 거북이의 운동량이 훨씬 더 많았을 것입니다.

그러나 양변을 떠난 중도의 입장에서 보면 일등이니 꼴등이니 자체가 없습니다. 거북이 에너지나 토끼의 에너지나 같은 에너지이기 때문입니다. 너니 나니 분별하기 이전 이름마저 끊어진 중도 연기에서 보면 삶이란 그냥 그대로 참으로 아름다운 것입니다.

그래서 상대적인 견해란 깨어 있는 현재가 되지 못하고 생각에 끌려다니는 짐작 때문이라고 가르쳐주고 있습니다.

夢幻空華 何勞把捉
몽환공화　하로파착

得失是非 一時放却
득실시비　일시방각

꿈속의 허깨비와 헛꽃을
어찌 애써 잡으려 하는가

얻고 잃음과 옳고 그름을
일시에 놓아버려라

일시에 놓아버려라

夢幻 / 꿈속에서 꿈을 잡는 것

"몽환공화夢幻空華로 하로파착何勞把捉가." 꿈속의 허깨비와 헛꽃을 어찌 애써 잡으려 하는가, 이 말의 의미는《금강경》사구게에도 나옵니다.

일체 유위법은
꿈과 같고 허깨비와 같고
물거품과 같고 그림자와 같으며
이슬과 같고 또한 번개와 같으니
마땅히 이와 같이 관할지니라
一切有爲法 如夢幻泡影
如露亦如電 應作如是觀

유위법이란 모양 있는 세계만이 아니라 생각이 있는 세계는 모두 유위법입니다. 생각이라는 것이 잠깐도 쉬지 않고 이 생각에서 저 생각으로, 저 생각에서 이 생각으로 금방 좋았다가 금방 우울해졌다 하면서 쉼 없이 변합니다. 그렇기 때문에 꿈속에서 본 헛꽃이나 허깨비는 생각이 일어나고 없어지는 것과 다를 바가 없습니다. 꿈속에서 무엇을 보았든지 잠에서 깨고 나면 없습니다. 그 사실을 모르고 꿈속 일을 잠에서 깬 이후에도 붙들고 그것에 얽매여 살아갑니다.

어떤 사람이 돼지꿈을 꾸고 동네 아는 삼촌에게 "제가 어제 저녁 돼지꿈을 꾸었습니다" 하니 "자네, 오늘 잘 얻어먹겠는걸" 합니다. 그 당시만 해도 배를 곯으며 살 때라 어디에서 잘 얻어먹을까 했는데 동네 어른이 회갑을 맞아 온 동네 사람들이 실컷 먹도록 잔치를 베풀었습니다.

이 사람이 돼지꿈만 꾸면 매일 이렇게 잘 얻어먹겠구나 싶어서 오늘 저녁도 꼭 돼지꿈을 꿔야지 했는데 돼지꿈을 못 꾸었습니다. 그런데도 헛일 삼아서 "삼촌, 오늘 또 돼지꿈을 꾸었습니다" 하니 "어, 오늘은 좋은 옷을 얻어 입겠는데"라고 합니다. 그 말을 듣고 집에 왔는데 회갑 잔치한 집에서 온 동네 사람들에게 옷을 한 벌씩 돌렸다는 겁니다.

'와, 꾸지도 않은 돼지꿈이 딱딱 맞는구나! 이제부터는 맨날 돼지꿈만 꿨다고 해야지.' 그래서 그날 저녁에도 돼지꿈을 안 꿨는데 삼촌한테 가서 "오늘도 또 돼지꿈을 꿨어요" 하니 "어, 오늘 되게 두드려 맞겠는데"라고 합니다. 그 말을 듣고 나오는데 회갑 잔치 집에서 술을 잔뜩 먹고 나오는 건달이 있었습니다. 그래서 '어이쿠, 정말 저 사람한테 맞을려나 보다' 하며 얼른 골목길로 숨었는데 그걸 보고 그 건달이 쫓아오더니 "야, 이놈아. 왜 나를 보고 피해?" 하면서 신나게 두들겨 패는 겁니다. 실컷 맞고 나서 다시 삼촌을 찾아갔습니다.

"삼촌! 사실은 첫날 저녁만 돼지꿈을 꿨지 뒷날하고 또 뒷날은 꾸지도 않은 꿈이 왜 그렇게 맞아요?" 하니 삼촌이 하는 말이 "응, 그거 별거 아니야. 돼지가 처음 꿀꿀대면 배가 고파서 그러는가 하고 먹을 것을 주니 얻어먹는 꿈이야. 또 꿀꿀대면 자리가 질어서 그렇구나 하고 볏짚을 넣어주니 옷 얻어 입는 꿈이야. 그래도 꿀꿀대면 들고 패야지 별수 있는가"라고 설명을 해줍니다. 이 모두가 생각놀음이라는 이야기입니다.

바로 이것입니다. 모든 것은 우리 생각의 환영에 속고 있습니다. 그래서 불교에서는 세계를 크게 세 가지로 해탈 세계, 지옥 세계, 인간 세계로 나눕니다.

해탈 세계가 100% 광명 세계라면 지옥은 100% 암흑 세계입니다. 그런데 극락과 지옥은 정해져 있지 않고 지옥의 암흑 세계가 극락의 광명 세계가 될 수도 있고 광명 세계인 극락이 암흑 세계인 지옥이 될 수도 있습니다.

인간 세계는 광명 50%, 암흑 50%인데 광명을 향하여 부지런히 수행하여 광명 기운이 70%로 올라간다면 극락이 되는 것이요, 반대로 게으르고 나태하여 암흑 기운이 90%로 올라가면 극락도 지옥이 됩니다.

마음따라 변하니 몽환夢幻과 공화空華인 것입니다. 몽환과 공화이니 꿈속에서 꿈을 잡는 것과 같습니다. 부디 몽환, 공화에

서 벗어나 보십시오. 생각에 끌려다니는 몽환에서 생각의 주인
이 되어야 합니다. 크게 용맹정진勇猛精進해볼 일입니다.

放却 / 몰록 놓아버려라

"득실시비得失是非를 일시방각一時放却하라." 얻고 잃음과 옳
고 그름을 일시에 놓아버려라, 우리가 얻었다고 좋아할 때나 잃
었다고 슬퍼할 때도 우리 코를 통해서 들어오는 공기는 그대로
입니다. 우리 눈으로 보는 산하대지도 그대로 그 모습입니다.

조금만 더 큰 안목으로 보면 얻었다느니 잃었다느니 하는 그
말은 왼쪽 손에 가지고 있던 물건을 오른쪽 손에 옮겨 잡은 것
과 다르지 않습니다. 얻었다고 하는 사람, 잃었다고 하는 사람
모두 저승으로 돌아갈 때는 결국 빈손으로 돌아갑니다.

우리가 어렸을 때 구슬치기해서 따면 좋아서 까불어 대고 잃
으면 시무룩해서 집에 돌아와서도 울적했던 기억이 있습니다. 이
제 나이가 들어서 돌아보니 구슬 그거 땄다고 해봐야 주머니만
무거웠지 아무것도 아닙니다.

그러니 오늘날 얻었다고 좋아하고, 잃었다고 싫어하는 것도
우주 자연의 진리에서 보면 그와 다를 바가 없습니다. 그러니 얻

었다느니 잃었다느니 하는 것이 모두 환영이니, 그 생각을 놓아
버려야 합니다.

옳다 그르다 하는 생각도 마찬가지입니다. 이순신 장군이나
안중근 의사는 그야말로 나라를 구한 영웅 중에 영웅이지만 일
본 쪽에서 보면 적장이고 테러리스트입니다. 민주주의에서 흔히
쓰는 다수결의 원칙에서 본다면 일본 인구는 1억 2700만 명이
고 우리나라는 7000만 명이니 그른 일이 될 수도 있습니다.

그러니 옳다는 것도 자기 이익에 도움이 되면 옳다고 하고 손
해가 나면 그르다고 하니 욕망의 노예에서 벗어나지 못하는 것
입니다. 그래서 일체 모든 생각, 번뇌 망상을 몰록 놓아버리라는
가르침입니다.

옛 수행자들은 놓아버려라 하면 처절하게 노력을 합니다. 놓
아버리기 위한 실천을 합니다. 그런데 요즘에는 놓아버려라 하면
이론으로만 압니다. 아니면 공책에 적어 놓거나 컴퓨터에 입력시
켜서 환영의 세계를 만듭니다.

그래서 옛 스승들은 첫째도 둘째도 "행하고 행하라, 행하라"
고 고구정녕 당부한 것입니다. 놓아버리는 길, 그 길이 바로 덜어
내고 덜어내는 길이며 쉬고 또 쉬는 길입니다. 그리하면 일념이
되고 나아가 무념에 이르게 됩니다. 바로 이 무념이 일시에 놓아
버리는 소식입니다.

그나저나 본래무일물本來無一物이라 해놓고 이제 놓아버려라

고 하니 이 무슨 소식인가, 삼조승찬 대사의 발아래 큰절을 올릴 수밖에요. 앞뒤가 안 맞는 말 아니냐고 하겠지만 전혀 그렇지 않습니다. 사실이 그렇습니다. 한번 놓아버리는 노력을 해보십시오.

眼若不睡 諸夢自除
안약불수 제몽자제

心若不異 萬法一如
심약불이 만법일여

눈에 졸음이 없으면
모든 꿈이 저절로 없어지고

마음이 다르지 아니하면
만법이 한결같으니라

만법이 한결같으니라

不睡 / 삼독의 잠에서 깨어나야

"안약불수眼若不睡하면 제몽자제諸夢自除요." 눈에 졸음이 없으면 모든 꿈이 저절로 없어진다, 눈을 멀쩡하게 뜨고 있으면서 꿈을 꾸는 사람은 없습니다. 그러나 욕망이라는 꿈, 성내고 미워하는 꿈, 오해하고 질투하는 탐진치貪瞋癡 삼독三毒의 꿈은 누구나 눈 뜨고 꾸는 꿈입니다.

한평생 우리가 짊어지고 다니는 이 삼독의 꿈은 언제 벗어도 벗어야 할 인생의 무거운 짐입니다. 불자들은 부처님 전에 기도하면서 복 달라고 빌고 기도 성취해 달라고 빕니다. 기도하면서 비는 그 정신력이 모여지는 만큼 물론 성취가 됩니다.

그러나 부처님의 가르침이 소중한 것은 그릇을 채우는 가르침이 아니라 비우는 가르침에 있기 때문입니다. 그릇만 비워버리면 빈 그릇이 되고 빈 그릇은 허공이 됩니다. 즉 우주 전체가 내가 되는 것입니다.

물론 여기에서 말하는 허공은 빅뱅이니 빅뱅 이후니 하는 말이 나오기 이전의 허공입니다. 그 허공은 온 우주를 먹여 살리고 온 우주를 감싸 안고 있습니다. 그것은 오직 비울 때만 가능합니다.

탐진치 삼독심 중 어느 것 하나라도 내려놓으면 내 마음의 그릇은 그만큼 비워지고 비워놓은 만큼 청정淸靜인 공이 됩니다.

그러면 청정성인 공에는 졸음이 있을 수가 없습니다. 졸음 즉, 모든 번뇌 망상이 사라지면 꿈은 저절로 없어집니다.

조금 다른 얘기지만 졸음에 대해서 생각나는 일이 있습니다. 해인사에서 성철 스님을 모시고 한겨울 21일간 용맹정진을 할 때입니다. 용맹정진이란 밥 먹고 화장실 가는 시간만 빼고는 하루 24시간 계속 앉아서 참선 정진하는 것을 말합니다. 물론 한 시간마다 큰방에서 전 대중이 잠깐씩 포행布行을 합니다.

그런데 2, 3일이 지나면 얼마나 잠이 쏟아지는지 정신을 못 차립니다. 잠이 얼마나 무서운 업인지 절절히 느껴집니다. 잠 속에서 화두가 되느냐 하는 오매일여悟寐一如는 그냥 나온 말이 결코 아닙니다. 가야산 해인사 도량에 눈이 하얗게 쌓였는데 한 스님이 한참 참선 정진하다가 살짝 일어나 나가는 겁니다. 그리고 눈이 하얗게 쌓인 눈밭 속에서 슬그머니 드러눕는 겁니다. 그러더니 눈을 손으로 계속 가슴 위로 쓸어 올립니다. 눈이 이불인줄 알고 그러는 것이지요.

물론 성철 스님의 불호령이 떨어집니다. 그만큼 잠이란 고약한 마장입니다. 영하 20도 차가운 눈밭에서 눈을 이불이라고 뒤집어쓰면 그게 제정신이냐고 웃는 사람도 있겠지만 그렇게 말하는 사람은 수행 중 잠과의 싸움이 얼마나 처절한가를 체험해보지 못한 사람입니다. 졸음을 이겨내기가 그만큼 어렵다는 얘기입니다.

더 나아가 탐진치 삼독의 잠은 더 말할 것도 없습니다. 얼마나 심했으면 경허鏡虛(1849~1912) 스님은 "탐진치 삼독의 독한 술에 혼혼불각喧喧不覺 잠이 드니 꾸짖어도 아니 듣고 타일러도 아니 듣는다"고 경책하며 한탄을 했습니다. 그러니 이 탐진치 삼독이라는 잠에서 참으로 발심을 하고 깨어나야 합니다. 왜냐하면 탐진치 삼독심이 우리를 노예로 삼고 마음대로 부리고 있기 때문입니다.

不異 / 분별심이 없으면 차별은 없고

"심약불이心若不異하면 만법일여萬法一如니라." 마음이 다르지 아니하면 만법이 한결같으니라, 마음에 차별만 없으면 온갖 법이 한결같다는 가르침입니다. 한 생각 일어나기 이전 그 자리는 온 법계法界가 '나' 아님이 없다는 말과 같습니다. 그러나 '나' 아님이 없는 자리가 따로 있다고 생각하면 이미 다름이며 차별이 돼 버립니다.

거울 자체에는 아무 모양도 없습니다. 그러니 무슨 모양이든지 나타나는 대로 그냥 비추기만 합니다. 온갖 법이란 마음 거울에 비친 그림자이기 때문에 마음따라 변할 수밖에 없습니다.

꼭 같은 파도 소리라도 청마靑馬 유치환柳致環(1908~1967) 시인의 귀에는 "파도야 어쩌란 말이냐/ 파도야 어쩌란 말이냐/ 임은 뭍같이 까딱 않는데/ 파도야 어쩌란 말이냐/ 난 어쩌란 말이냐" 하는 시가 나오게 되고, 연인들끼리 해변을 거닐 때는 그러한 소리가 알파파가 되어 밀어의 속삭임이 되지만, 귀한 내 자식을 잃은 부모님이 들을 때는 통곡의 소리가 되어 오장육부를 고통스럽게 합니다. 마음 상태에 따라 다른 현실이 나타납니다.

그러니 좋다 나쁘다 하는 분별심이 없으면 차별이 없습니다. 좋다 나쁘다, 나다 너다 하는 분별이 둘이 아닌 세계를 중도라고 합니다. 이론적으로 백 번 알아봐도 중도를 깨닫지 못하면 안 됩니다.

그러니 《신심명》을 바로 보려면 먼저 발심이 되어야 합니다. 왜냐하면 《신심명》은 발심의 언어이며 깨달은 이의 환희에서 나오는 순수 언어이기 때문입니다. 이 언어를 깨달음의 노래라고 합니다.

조선 말기에 열심히 축구하는 사람들을 보고 어떤 양반이 "저런 일은 하인들이나 시켜서 하지 직접 한다고 저렇게 촐랑대는고"라고 했다고 합니다. 그런 생각을 가진 이는 평생 축구라는 운동을 해볼 수가 없듯이 발심이 안 된 사람은 《신심명》의 세계를 깨달을 수 없습니다.

마음에 분별이 없다는 것은 제법공상諸法空相을 깨달았다는 말입니다. 그러면 차별이 없을 뿐만 아니라 온갖 법이 한결같아 집니다.

옛날 어느 절에서 노보살님 두 분이 기도하다가 시비가 생겼습니다. 한 분은 기도하면서 '관셈보살, 관셈보살' 하며 염불하는데 다른 한 분이 '관세음보살'이 맞다고 하며 따졌습니다. 서로 자기가 옳다고 싸우다 결론을 내지 못하여 노스님을 찾아갔습니다. 큰 스님은 다음 날 판결을 내려주겠노라고 했습니다.

한 분이 노스님께 몰래 호박죽을 쑤어 드리면서 다음 날 자기 편을 들어달라고 했습니다. 잠시 후에 다른 노보살님은 국수를 가져와서는 자기편을 들어달라고 부탁했습니다.

날이 밝자 조실 스님은 "호박경에는 관셈보살이라고 나와 있고, 국수경을 보니 관세음보살이라고 적혀 있습니다"라고 판결을 내렸습니다.

글자만 따진다면 옳고 그름이 있지만 정성이 우러나오게 하는데는 두 사람 다 맞는 말입니다.

더 나아가 바다가 받아들이지 않는 강물이 어디 있으며 허공이 감싸지 않는 물건이 어디 있겠습니까. 일단 바다에 흘러들어간 강물은 이름이 없어집니다. 낙동강이든지 섬진강이든지 인도의 갠지스 강이든지 모든 이름이 없어지고 바다라는 이름으로 통일됩니다. 이러한 원리를 "마음에 분별이 없으면 온갖 법이 한결같으니라"고 한 것입니다.

방거사龐居士(?~808)는 이렇게 표현했습니다.

다만 온갖 만물에 무심하면
내 주위에 모든 만물이 무슨 방해가 되랴.
무쇠소가 사자 소리를 두려워하지 않으니,
나무로 된 사람이 꽃이나 새를 보는 것과 같음이라.
목인은 본래 무정물이라
꽃과 새들이 어찌 목인을 두려워하랴.
마음이 항상 이와 같다면
어찌 보리도를 이루지 못할까보냐.

但自無心於萬物 何妨萬物常圍繞

鐵牛不怕獅子吼 恰似木人見花鳥

木人本體自無情 花鳥逢人亦不驚

心境如如只遮是 何處菩提道不成

이렇게 표현한 세계가 바로 '만법일여'의 세계입니다. 부디 '만
법일여'의 소식을 향해서 부지런히 정진합시다.

一如體玄 兀爾忘緣
일여체현 올이망연

萬法齊觀 歸復自然
만법제관 귀복자연

한결같음은 본체가 현묘하여
올연히 인연을 잊는다

만법이 다 현전함에
돌아감이 자연스럽도다

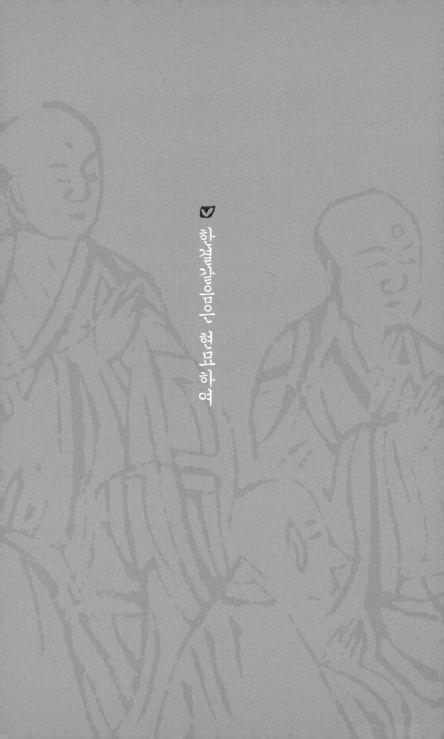

한결같음은 현묘하여

"일여체현一如體玄하여 올이망연兀爾忘緣이라." 한결같음은 본
체가 현묘玄妙하여 올연히 인연을 잊는다는 말입니다. 여기서
말하는 '한결같음' 즉 일여一如는《신심명》첫 부분의 '지도무난
至道無難 유혐간택唯嫌揀擇'할 때 그 간택심이 끊어진 자리를
말함입니다. 그러니 현묘하고 현묘할 수밖에 없습니다.

다시 말해서 '일체만법이 한결같다' 하는 것은 근본 자리 즉
언어의 길이 끊어진 자리요, 마음 갈 곳을 잃은 자리를 표현하
는 말입니다. 그래서 도라고도 하고 여여如如라고도 하며 다른
종교에서는 신神이라고도 하고 참선에서는 본래면목이니, 불성
이니, 마음이니 하는 여러 가지로 표현하지만 결국 말로서는 표
현할 수 없는 자리를 그냥 이름 지은 것에 불과합니다.

그래서 선가禪家에서 "석가도 몰랐거니 가섭이 어찌 전할건가
釋迦猶未會 迦葉豈能傳"라고 했습니다. 이 말을 듣고 '아! 석가모
니 부처님도 정말 몰랐을까?'라고 생각하면 그야말로 어리석은
일입니다.

그렇게 어리석은 일이라고 해도 중생들은 뭐든지 생각을 따라
가고 논리적으로 증명하려고 합니다. 그러나 한번 생각해보십시
오. 저 드넓은 허공을 우리에게 전해준 사람이 누가 있으며 저

허공을 물려받은 사람이 누가 있는가를. 깊이 생각해보아야 합니다. 분명히 전해준 사람도 없고 물려받은 사람이 없습니다. 그런데도 천삼라天森羅 지만상地萬象 일체 모든 것이 허공을 의지해 살고 있지 않습니까.

도 또한 그렇습니다. 전해줄 수도 없고 전해 받을 수도 없지만 분명히 전해주고 전해 받아왔습니다. 그 말은 눈을 뜨고 보니 전하는 자와 받는 자가 하나라는 것을 깨달았다는 것입니다. 이것이 참으로 현묘한 이치라는 것입니다.

한 생각 밉다는 생각을 내는 찰나 미운 감정이 일어나고 한 생각 고맙다는 생각을 내는 순간 바로 고마운 감정이 일어납니다. 그러니 '본체가 참으로 현묘하여 올연히 인연을 잊는다'고 한 것입니다.

찰나 간에 천리만리 다녀오고 별별 묘용이 다 일어나니 어찌 현묘하다고 하지 않겠습니까. 다만 이러한 신통묘용이 일어나는 근본 자리를 놓치고 한 생각 일어난 다음 그 환영을 보느라고 신통묘용인 줄을 모르고 있을 뿐입니다.

그래서 원오극근圓悟克勤(1063~1135) 선사는 "마음 그대로가 부처이며 부처 그대로가 사람이어서 사람과 부처가 차이가 없어야 비로소 도라고 했으니 이는 참으로 진실한 말이다. 마음만 진실하면 즉, 일여가 되면 사람과 부처가 모두 진실하다"고 했습니다.

그러므로 조사들은 오직 사람의 마음을 곧바로 가르쳐 견성

성불見性成佛하게 하였습니다. 이 마음은 누구나 완벽하게 갖추고 있고, 오랜 세월 전부터 청정무구淸淨無垢하고, 애당초 집착이 없습니다. 그래서 마음은 고요하고 고요하되 역력하게 비추면서 응연하여 마침내 주관과 객관이 없어서 그 자체로 완전합니다. 마음은 이렇게 일여의 세계를 보여주고 있습니다.

이어서 말씀하기를 "지금 이 자리에서 항상 본지풍광本地風光을 쓰고 있으면서 단 한순간도 어두운 적이 없었으나 육근육진六根六塵에 부질없이 속박을 받고 있는 것이다. 만약 몰록 발심만 한다면 반드시 그대로 죄업의 때가 낀 누더기를 벗어버리고 적나라하게 깨치게 된다. 이것은 밖으로부터 오는 것도 아니요, 안에서 나오는 것도 아니다"라고 했습니다.

다만 자성自性을 바로 보지 못하고 내 본래 면목을 배신하고 허망한 생각을 일으키고 가없는 지견을 일으켜서 모든 존재에 표류하게 되니 이것을 윤회라고 고구정녕 일러준 것입니다.

萬法 / 있는 그대로 숨김없이 드러나

"만법제관萬法齊觀에 귀복자연歸復自然이니라." 만법이 다 현전함에 돌아감이 자연스럽다고 했습니다. 이게 말로 표현하려니까 돌아간다 돌아온다, 현전하다 현전하지 아니하다 하지만 일체 만법은 있는 그대로 숨김없이 드러나니 돌아갈 것이 없는 본자리라는 뜻입니다.

예를 들자면 천리만리 헤매다가 천신만고 끝에 고향에 돌아오는 꿈을 꾸다가 깨어났는데 꿈을 깨고 보니 자기가 자던 그 방입니다. 꿈속에서는 식은땀을 흘리며 고생을 하고 죽을 힘을 다해 도망치다가 일어났습니다. 그것은 꿈속에서 있었던 환영입니다.

한 발자국도 나가본 일이 없으니 돌아왔다는 말 자체가 맞지 않습니다. 그래서 '돌아감이 자연스럽다'고 한 것입니다. 정말 자연스럽거든요.

그와 마찬가지로 우리 역시 나의 본래 청정한 마음 고향을 떠나본 일이 없습니다. 꿈속에서 헤맸을 뿐 꿈만 깨고 나면 돌아감 없이 돌아갔기에 자연스럽다고 표현했지만 그냥 자연自然 그 자체입니다. 다만 내가 번뇌 망상의 꿈을 깨야 합니다.

일체만법 전체가 내 마음이 나타난 작용이라는 것을 알면 세계관世界觀과 인간관人間觀이 확연히 바뀌게 됩니다. 돌아감 없는 본래 내 고향, 내 모습이었다는 사실을 깨닫고 부처님 은혜가 막중하다는 사실을 절절이 알게 됩니다.

그러니 그 자연스럽다는 말이나 돌아간다는 말까지도 군더더기라는 사실을 알아야 합니다. 왜냐하면 만법이 본래 따로 존재하는 것이 아니고 나의 모습이요 나의 그림자이기 때문입니다.

내 자신이 꿈만 깨면 만법은 본래 현전한 그대로 그 자리에서 한 치도 벗어난 일이 없었습니다. 우리 마음은 일찍이 단 한순간도 우리 자신을 버린 일이 없었고, 떠난 일도 없었습니다. 다만 내가 그러한 내 마음을 버리고 그림자에 놀아났을 뿐입니다. 그래서 욕심내고 성 내며 어리석은 탐진치 삼독의 꿈을 꾸면서 그 꿈을 진짜로 알고 웃고 우느라고 생사윤회를 하고 있습니다. 마음은 단 한 번도 우리를 버린 일이 없건만 내가 마음을 버렸다는 것입니다.

생사윤회하는 일이나 시간과 공간만 하더라도 보는 이에 따라 다릅니다. 보통 사람들은 시간이 지나간다고 합니다. 그러나 깨달은 이에게는 시간이란 없는 것입니다. 본인이 지나가고 있는 것입니다. 아침이니 점심이니 저녁이니 하면서 사람들은 분별을 하지만 태양은 항상 그 광명 그대로이지 아침, 저녁이 없는 까닭입니다.

그렇기 때문에 망상에서만 과거가 있을 뿐이지 일찍이 과거를 직접 만나본 이는 없습니다. 어떻게 흘러가버린 강물을 만나겠습니까. 볼 수도 만날 수도 없으니 당연히 지나간 환영입니다. 그리고 영원한 현재라지만 현재는 과거와 미래가 있을 때만 현재일 뿐이지 과거와 미래가 없으면 현재 또한 없습니다.

아침이니 점심이니 하는 시간은 시간이 지나간 것이 아닙니다. 지구가 지나간 거리 즉, 내가 지나간 것입니다. 그렇기 때문에 만법이 그대로 현전함에 돌아감 없이 돌아갔기에 그냥 자연입니다.

다시 말해, '돌아감이 자연스럽다'라고 해서 그냥 자연으로 돌아간다는 말이 아닙니다. 이것은 나의 본래 청정한 마음의 고향으로 돌아가는 것이 자연스럽다는 의미입니다.

번뇌 망상의 꿈에서 깨어나기만 하면 나의 본래 청정한 마음의 고향으로 돌아가는데, 그 돌아감이 아무런 조작이나 어떤 인위적인 힘을 들이지 않아 자연스럽다는 것입니다.

泯其所以 不可方比
민기소이 불가방비

止動無動 動止無止
지동무동 동지무지

그러한 까닭을 없이하면
견주어 비할 바가 없음이라

그치면서 움직이니 움직임이 없고
움직이면서 그치니 그침이 없다

움직임도 없고 그침도 없다

所以 / 언어의 길이 끊어진 여여한 자리

"민기소이泯其所以하야 불가방비不可方比라." 그러한 까닭을 없이하면 견주어 비할 바가 없음이라, 천번만번 방황해도 방황이 아니요, 돌아와도 돌아온 게 아니라는 그 소이所以 즉, 그렇게 되는 그 이유를 깨달으면 무엇과도 견줄 수가 없으며 그 무엇에 비유할 수도 없다는 뜻입니다.

그러기에 조사 스님들은 '모양이 있어야 변하든 말든 할 텐데 모양도 빛깔도 없기에 그 밝음은 취할 수가 없고 '취모검吹毛劍' 처럼 당당해서 뉘라서 당하겠느냐'라고 하면서 허공계는 생겼다가 사라진다고 해도 이 도리는 애초부터 변하지 않는다고 했습니다.

이러한 모든 표현들이 추상적인 말도 아니고 현학적인 말도 아닙니다. 마음의 눈을 뜨고, 본 그대로 한 말씀이기 때문에 언어의 길이 끊어진 자리요 마음 갈 곳이 멸한 자리입니다. 도무지 말로서는 표현할 수 없기 때문에 그렇게 표현한 것입니다. 여여하여 허공성이니 어찌 허공을 비교하겠느냐 이런 말입니다. '그러한 까닭을 없이하면' 하는 말은 환영에 속지만 않으면 언어의 길이 끊어진 여여를 말합니다.

그래서 스승들이 "허망한 속박을 벗어나고 생사의 소굴에서 해탈하려면 첫째로 발심發心이 투철해야 한다. 그리고 영원토록 물러나지 않겠다는 신심信心을 갖추어야 한다"고 한 것입니다.

21세기는 정신문화가 깨어나야 합니다. 자신은 그대로 둔 채 남이 바로 서기를 바라는 교육은 평생 가도 누구 하나 달라지기 어렵습니다. 그러니 남은 어떠한 길을 가든지 나 하나만이라도 바르게 살아야 한다는 자기 확신이 서야 합니다. 그러한 믿음을 가지고 이 우주 자연을 위해서 투쟁鬪爭의 마음을 버리고 상생相生의 원리로 돌아가야 합니다.

그렇게 되면 누구나 모두 자기 자신이 되기 때문에 반드시 평화가 올 수밖에 없습니다. 이웃이 잘되어야 내가 하는 일이 잘되고 이웃나라가 잘되어야 우리나라가 잘된다는 자연의 이치를 요즈음 그대로 보고 있지 않습니까?

그러니 《신심명》에서 강조하는 나와 남이 둘이 아니라는 사실을 마음으로부터 행으로 옮겨야 합니다. 가족 중에 어느 한 분이 중병이 들어 입원하게 되면 온 가족이 같이 힘들어지는 이치와 마찬가지로 이 세상 인연법은 진리입니다.

나와 남이 둘이 아니기 때문에 남이 잘되어야 곧 내가 잘되는 것이고 내가 행복해야 내 가족이 행복한 그 이치를 분명하게 알아야 합니다. 그렇기 때문에 '그 까닭이 없어지면 견줄 일도 없고 비할 바도 없다'는 가르침입니다.

그래서 부처님 법을 배우는 이들은 오늘 하루 사는 삶에 분명히 인과因果 속에서 살고 있다는 것을 믿어야 합니다. 내 삶의 여정은 내가 걸을 때 그림자가 따르는 것과 같다는 것이 인과인데 요즘 분명하게 믿는 사람들이 점점 줄어들고 있습니다.

다시 한 번 강조하건대 인과를 반드시 믿어야 합니다. 그리고 인因이 곧 과果요, 과가 곧 인이라는 인과동시因果同時를 깨달아야 합니다.

止動 / 움직임도 없고 그침도 없다

"지동무동止動無動이요 동지무지動止無止니." 그치면서 움직이니 움직임이 없고, 움직이면서 그치니 그침이 없다. 그침과 움직임, 밝음과 어두움, 옳고 그름 이러한 일들을 우리는 상대성으로만 생각합니다. 그러나 《신심명》에서 말하는 세계는 양변을 부정하면서 긍정하여 원융무애합니다. 바로 중도를 말하는 것입니다.

그치면서 움직이는 것과 움직이면서 그침은 움직임과 그침의 두 법이 '서로 비춤'의 쌍조雙照를 보이는 것이고, 움직임이 없고 그침이 없다고 하는 것은 두 법을 막는 쌍차雙遮로 '없애버림'입니다. 비추면서 항상 고요하고, 고요하면서 항상 비추는 중도 법계의 이치를 그대로 나타낸 것입니다.

이것은 우주의 대진리를 있는 그대로 나타내 보이는 것입니다. 쌍차쌍조雙遮雙照로 막음과 비춤을 함께 한 차조동시遮照同時를 강조한 것입니다. 그뿐만 아니라 정定과 혜慧도 정혜동시定慧同時입니다.

캄캄한 방에 전등불을 켜면 등불을 켜는 동작과 밝음은 동시에 일어납니다. 등불을 켜는 행위가 있고 그 뒤에 밝음이 오는 게 아니고 등불을 켜는 행위 자체가 밝음과 하나이기 때문에 등불을 켜는 행위와 밝음은 둘이 아닙니다.

종소리 또한 그렇습니다. 종을 치는 행위와 소리는 동시입니다. 종을 치고 나서 한참 있다가 소리가 나는 게 아니고 종 치는 행위 자체가 소리와 둘이 아닌 이치와 같습니다.

동動과 정定, 움직임과 그침 모두가 그렇습니다. 움직인다는 말은 그침이 있었기에 움직임이니 그침에 즉한 움직임입니다. 고로 냉철하게 보면 움직임이 없는 것입니다. 마찬가지로 그침이란 움직임이 없다면 그침이 홀로 있을 수가 없지 않습니까.

움직임이 없고 그침이 없기 때문에 움직임과 그침이 서로 원융자재圓融自在하면서 서로 상대가 아니기에 상대법이 사라지게 됩니다. 이러한 세계를 "그치면서 움직이니 움직임이 없고, 움직이면서 그치니 그침이 없다"라는 표현으로 일목요연하게 보여주고 있습니다.

兩旣不成 一何有爾
양기 불성 일하유이

究竟窮極 不存軌則
구경궁극 부존궤칙

둘이 이미 이루어지지 못하거니
하나인들 어찌 있을 건가

구경의 궁극은
정해진 법칙이 있지 않음이라

정해진 법칙이 있지 않음이라

不成 / 상대가 끊어진 평등의 세계

"양기불성兩旣不成이라 일하유이一何有爾아." 둘이 이미 이루어지지 못하거니 하나인들 어찌 있을 건가, 상대법이란 둘 가운데 하나가 없으면 상대가 있을 수가 없습니다.

옛날에 어느 왕이 벽에 기다란 선을 긋고는 누구든지 이 선에 손을 대지 말고 짧게 만들라고 명령을 내렸습니다. 어느 누구도 표시된 선에 손을 대지 않고 짧게 할 수 있는 방법이 없어서 절절매는데 그때 지나가던 한 현자가 아무 말 없이 그어놓은 선 밑에 훨씬 더 기다란 선을 하나 그려 놓고 가버렸다고 합니다.

당연히 본래 있던 선은 짧아졌습니다. 마찬가지로 내가 없는데 네가 있을 수는 없습니다. 크다 작다 역시 그렇습니다. 비교할 수 있는 작은 게 있어야 큰 게 있을 수 있듯이 상대가 끊어지면 둘이 성립될 수가 없습니다.

그러나 이러한 것들은 모두 우리들의 망념에서 나온 생각입니다. 진리의 세계에서 보면 꿈꾸는 사람이 잠꼬대를 하고 있을 뿐입니다. 모든 것이 '알음알이'에 속고 있는 것입니다.

그래서 둘이니 하나니 하는 말은 이름뿐입니다. 하나라고 하는 것도 우리들 생각이요, 둘이라고 하는 것도 생각에서 붙여놓은 이름일 뿐입니다. 그렇기 때문에 《신심명》에서 보여주고자 하는 것은 둘이 아닌 불이법문不二法門입니다.

우리는 큰 아파트 작은 아파트, 큰 자동차 작은 자동차라고 분별하지만 큰 자동차 안에 허공이나 작은 자동차 안에 허공이나 그냥 한 허공일 뿐입니다.

크다 작다 하는 것으로 나눌 수 있는 허공이 아닙니다. 언어의 길이 끊어진 고요의 세계를 말로 표현하려니 자칫 오해를 하기가 쉽습니다. 그 오해를 선문禪門에서는 '알음알이'라고 합니다. 그래서 스승들은 '알음알이'를 일으키는 것을 가장 경계하였습니다.

'둘이 이미 이루어지지 못한다'는 가르침 즉, 상대가 끊어진 도리는 생각이 끊어진 세계, 모양이 사라진 도리입니다. 하나니 둘이니 하는 모양 즉, 크다 작다 하는 세계가 본래 없는 평등의 세계를 보여주고 있습니다.

설명하기 위해 진실 아닌 세계를 거짓으로 보여주는 일은 없습니다. 단 한 사람이라도 오직 진리를 깨닫게 하고자 전부를 걸어야 할 뿐입니다. 이것이야말로 진정한 자비심입니다.

너다 나다 하는 일체 개념들은 생각이 만들어낸 세계에 불과합니다. 그 생각이라는 것이 꿈과 같다면 꿈꿀 때만 있는 것이지 꿈을 깨고 나면 없는 세계입니다.

그래서 둘이라고 하면 이미 꿈을 꾸고 있다는 것이니 꿈만 깨고 나면 둘이라는 세계가 이루어질 수가 없습니다. 둘이라고 하는 개념 자체가 허공에서는 있을 수가 없다는 의미입니다. 허공을 하나, 둘 셀 수가 있느냐는 말입니다. 그러니 당연히 하나라는 것도 옳지 않습니다.

窮極 / 오직 모를 뿐

"구경궁극究竟窮極하야 부존궤칙不存軌則이니." 구경究竟의 궁극窮極은 정해진 법칙이 있지 않다는 내용으로 이어집니다. 쌍차쌍조하여 중도를 깨달으면 중도라고 할 그것마저도 초월해야 한다는 의미입니다. 깨달음의 분상에는 중도라고 할 그 무엇도 없습니다.

구경이요 궁극이라, 일체 말로 표현할 길이 없고 마음 갈 곳이 멸한 자리라서 어떤 이름이나 모양이 붙을 수 없는 자리입니다.

그러하기에 달마 대사의 '모를 뿐'이라는 대답은 그냥 나온 말이 아닙니다. 중국 양무제梁武帝가 달마 대사에게 여러 가지 이야기 끝에 "그렇다면 내 앞에 있는 그대는 누구입니까?" 하고 물으니 달마 대사는 "모릅니다"라고 했습니다. 오직 모를 뿐이다 이겁니다.

여기서 '모릅니다' 하는 것은 안다 모른다 할 때 모른다는 대답이 아닙니다. 진리를 그대로 보여준 너무나도 당연한 도의 세계를 보여준 것입니다. 안다는 것도 내 생각에 속는 것이요, 모른다는 것도 내 생각에 속는 일입니다.

달마 대사의 모른다는 대답은 안다느니 모른다느니 하는 생각의 감옥에서 벗어난 대자유를 보여준 큰 사건입니다. 다만 생각 속에 갇혀 사는 이들에게는 모른다는 말이 정말 모른다는 답으로 잘못 듣게 됩니다. '달마 대사가 모르고 있구나' 하고 생각할 수 있습니다.

깨달음이란 살아 움직이는 것입니다. 그렇기 때문에 그 어떠한 일정한 법칙도 없는 것이 바로 궁극입니다. 그러니 대자유가 되는 것입니다. 참새 다리는 짧아서 좋고, 학의 다리는 길어서 좋은 것이 아니라 크고 작은 모양을 떠나서 보면 그대로 완전한 평등이요, 차이가 없는 것입니다.

학의 다리와 참새 다리는 걸어 다니고 뛰어다니는 데 쓰일 뿐 크다 작다 하는 분별이 전혀 없습니다. 큰 것은 큰 대로 좋고 작은 것은 작은 대로 좋다는 말이 아닙니다. 그냥 평등이라는 말입니다.

그렇게 보면 우리가 얼마나 생각의 놀음에 빠져서 차별상에 속고 비교하는 데 속으면서 살아가고 있는지 모릅니다. 평생 속고 있다는 것을 알아야 합니다. 세상 사람들은 남에게 속거나 사기를 당하면 소송을 해서라도 기필코 바로잡으려고 온갖 노력을 다 합니다. 그러나 내가 내 스스로에게 속는 일은 평생 속으면서 그 자체도 모르고 살고 있습니다.

그래서 부처님이 이 세상에 오셔서 강조한 말씀 중 하나가 '바로 보라. 나는 누구인가?' 하는 것입니다. 연기공성을 바로 보라고 한평생 팔만사천 법문을 한 것입니다.

팔만사천 법문 가운데 중심축이 바로 보는 법, 중도법문中道法門입니다. 그 중도의 내용을 가장 잘 함축시켜서 표현하고 보여준 내용이 바로 이 《신심명》입니다. 그렇기 때문에 중도에 대한 바른 안목을 가지려면 부지런히 수행하여 직접 고요의 체험을 해야만 합니다. 죽 끓듯이 일어나던 번뇌 망상이 그대로 고요가 되어버린 텅 빈 고요의 체험을 하면 번뇌 망상 자체가 공한 자리라는 것을 볼 수 있습니다.

그렇게 하기 위해선 번뇌 망상과 싸우지 말아야 합니다. 번뇌 망상은 투쟁할수록 힘이 강해집니다. 왜냐하면 번뇌 망상은 번뇌 망상을 양식으로 살아가고, 성내는 기운은 성내는 기운을 양식으로 살아가고, 잠은 잠을 자려는 기운을 먹고 살아가기 때문입니다. 번뇌 망상과 싸울 게 아니라 그냥 화두만 참구하십시오.

번뇌 망상이란 남이 나에게 떠맡긴 것도 아니고, 밖에 있다가 들어오는 것도 아닙니다. 내가 걸어온 내 발자국이며 내가 좋아서 내 잠재의식에 녹음해놓은 나의 소중한 인생입니다. 번뇌 망상은 결국 내가 책임져야 할 일입니다. 그러려면 번뇌 망상을 사랑해보는 것도 한 가지 방법입니다. 사랑한다는 말은 둘이 아님을 아는 일입니다. 번뇌가 보리임을 믿고 번뇌 망상이 있기에 수행도 가능하다고 생각해보십시오.

진흙이 없으면 연꽃은 피어날 수가 없습니다. 물론 본분사本分事에서 보면 부질없는 소리임에 틀림없습니다. 그러하기에 구경의 궁극은 정해진 법칙이 없다는 이러한 가르침이 참으로 귀한 가르침이요, 진리라는 사실을 깊이 믿어야 합니다. 왜냐하면 허공성인 까닭이며 항시 부동不動인 까닭이며 여래장 가운데는 생멸이 없는 까닭이기 때문입니다.

契心平等 所作俱息
계심평등 소작구식

狐疑淨盡 正信調直
호의정진 정신조직

마음이 평등한 데 계합하면
짓고 짓는 바가 모두 다 쉬리라

여우같은 의심이 깨끗이 다하면
바른 믿음이 조화롭게 곧아진다

다시 흔들림 없는 믿음

平等 / 몰록 쉬어라

"계심평등契心平等하야 소작구식所作俱息이로다." 마음이 평등한 데 계합契合하면 짓고 짓는 바가 모두 다 쉬리라, 불평등한 것은 평등하게 할 수 있지만 본래 평등한 것을 다시 평등하게 한다는 것은 있을 수가 없는 일입니다. 서 있는 사람에게 다시 서라고 억지를 쓰는 것과 같습니다.

선가에서는 마음 닦아서 도를 깨닫는다는 것도 긁어 부스럼을 만드는 것과 같다고 했습니다. 이미 완전한 부처인데 다시 부처가 되기 위해 수행한다는 것이 머리 위에 머리를 하나 더 만들려는 것과 같다는 뜻입니다.

그래서 선禪에서는 "바로 쉬어라", "몰록 쉬어라"고 합니다. 이말을 깊이 새겨봐야 합니다. 이미 부처이니 마음도 닦지 말고 마구 살아도 된다는 말이 결코 아닙니다. 예를 들면 여기 천억 원상당의 금이 묻혀 있는 금광이 있는데 그 사실을 확실히 믿는 사람은 그냥 파 들어가기만 합니다. 결코 한눈을 팔거나 다른 곳에 눈 돌릴 겨를이 없습니다. 확실히 믿기 때문에 그렇습니다.

마찬가지로 내가 부처임을 확실히 믿는 사람은 번뇌 망상만몰록 내려놓으면 됩니다. 마치 거울에 묻은 때만 깨끗이 닦으면 거울은 항상 비추고 있는 것과 같습니다. 만일 그것이 본래 거울이 아니고 돌이나 나무를 닦아서 거울을 만들려고 했다면 아무리 노력해도 거울이 될 수가 없습니다.

그런데 번뇌 망상을 닦아낸다는 말도 잘 들어야 하고, 닦아서 부처되는 게 아니라는 말도 한번 깊이 생각해보아야 합니다. 분명하게 깨닫고 나면 부처님의 대자대비와 이런 말씀을 하신 스승들의 큰 은혜를 알 수 있을 때가 올 것입니다.

그러나 망념이 본래 공한 것을 깨닫고 단박에 쉰다면 걱정이 없겠지만 이론적으로만 부처라고 알고 실제로는 망상에 끌려 다닌다면 도둑놈을 주인으로 모시는 격이 되고 맙니다.

'일체처一切處 일체시一切時에 망념을 내지 말라'는 말은 일어난 망념에 끌려다니지 말고 그 망념을 없애려고도 하지 말고 주인이 주인 노릇만 잘하라는 가르침입니다. 든든한 주인이 방안에 두 눈 부릅뜨고 있는데 그 방에 도둑질하러 들어가는 허름한 도둑놈이 어디 있겠습니까.

이것은 결코 궤변이 아닙니다. 꿈을 깨고 나서 꿈속에 있었던 일을 사실로 알고 따라하는 이는 어리석은 사람입니다. 그와 같이 번뇌 망상이 한낱 꿈인 걸 알고 나면 꿈속 일을 따라다니는 일은 없습니다. 그래서 꿈을 깨고 나서 꿈이 환영임을 알고 나면 좋은 꿈도 꿈이요, 나쁜 꿈도 꿈인 줄 알고 일체 꿈에 더 이상 속지 않으면 마음에 계합하여 평등하게 될 수밖에 없습니다.

이처럼 꿈꾸는 이와 꿈이 둘 다 꿈인 줄 확연히 깨달으면 짓고 짓는 바가 다 함께 쉬게 됩니다. 그 말은 주관과 객관, 능과 소 즉, 짓고 짓는 바가 둘이 아니라는 가르침입니다.

正信 / 내가 부처임을 철저히 믿는 바른 믿음

"호의정진狐疑淨盡하면 정신조직正信調直이라." 여우같은 의심이 깨끗이 다하면 바른 믿음이 조화롭게 곧아진다는 말에서 여우같은 의심이란 내가 부처임을 확신하지 못하는 마음입니다. 내가 바로 부처라는 믿음이 완전하기가 그렇게 쉽지 않습니다. 그 믿음이 확실해지면 부처님의 고마움을 가슴 깊이 새기게 됩니다.

불자들 가운데에서도 내가 부처임을 믿는다고 하면서도 밖으로 구하는 이가 많습니다. 내가 완전하다면 밖으로 구할 게 아니라 그 완전함을 놓치지 않으면 됩니다. 물론 이 말도 '삼십방'을 맞을 소리입니다.

완전한데 무엇을 놓치고 안 놓칠 게 따로 있겠습니까? 그래서 말에 속지 말아야 합니다. 이것은 스스로 참구해봐야 알 일이고 자기가 자기 마음을 봐야만 알 수 있는 일입니다.

말로서는 아무리 잘 설명한다고 해도 감정의 세계 즉, 상相의 세계일뿐입니다. 감정이 일어나기 이전의 절대 순수인 공의 세계는 말로 설명할 길이 없기 때문입니다.

결국 여우같은 의심을 끝내고 생각이 끊어진 세계, 고요를 보려면 고요가 되는 길밖에 없습니다. 완전한 고요에는 번뇌 망상이니 생각이니 하는 것이 남아 있을 수가 없습니다. 만약 남아 있다면 고요가 아니기 때문입니다.

이렇게 말하면 혹자는 번뇌 망상이 본래 공한데 무슨 소리냐고 하시겠지만 그 또한 그렇지 않습니다. 본래 공임을 깨달으면 여우같은 의심이 본마음과 둘이 아닌 한자리이니 곧 맑음이요, 고요 그 자체입니다.

그런 체험을 한번 제대로 하고 나면 곧은 믿음이 바르게 될 수밖에 없습니다. 곧은 믿음이란 두 번 다시 흔들림 없는 믿음이요, 내가 부처임을 철저히 믿는 바른 믿음입니다. 이것을 곧은 믿음이라고 이름하는 것입니다.

一切不留 無可記憶
일체불류 무가기억

虛明自照 不勞心力
허명자조 불로심력

非思量處 識情難測
비사량처 식정난측

일체가 머물지 아니하여
기억할 아무것도 없도다

텅 비고 밝아 스스로 비추니
애써 마음 쓸 일이 아니로다

생각으로 헤아릴 곳이 아님이라
의식과 망정으로는 측량키가 어렵도다

생각으로 헤아릴 곳이 아님이라

記憶 / 내 마음 속에 찍힌 사진

"일체불류一切不留하야 무가기억無可記憶이로다." 일체가 머물지 아니하여 기억記憶할 아무것도 없도다, 깨달음이란 살아 있는 것입니다. '살아 있다'는 말은 아무것도 없는 텅 빈 허공성이라는 말이기도 합니다. 그래서 머물려고 해도 머물 수가 없습니다. 무주위본無住爲本이 되는 것입니다.

왜냐하면 허공이 머무는 바는 있을 수 없기 때문입니다. 허공에 무엇이든지 머물러 있을 수 있다면 그건 모양이 있는 상법相法이 될 수밖에 없습니다.

우리들 마음이 좋은 일에도 나쁜 일에도 일체 머물지 않으면 당연히 기억할 게 아무것도 없습니다. 왜냐하면 나의 본래 모습인 고요는 눈에 끌려다니는 일도 없고 귀에 끌려다니는 일도 없기 때문입니다.

이런 이치를 말로 설명하기란 쉽지 않습니다. 옛 스승들은 이런 일을 한마디로 일러주었습니다. 마조도일馬組道一(709~788) 선사는 '지장智藏의 머리는 희고 회해懷海의 머리는 검다'라고 했습니다.

그 내용을 얘기하자면, 참으로 수행을 열심히 하던 한 수행자가 마조 선사를 찾아갑니다.

"사구四句를 여의고 백비百非를 떠나서 바라오니, 스님께서는 조사가 서쪽에서 오신 뜻을 바로 가르쳐 주십시오."

마조 선사가 말했습니다.

"나 오늘 피곤해서 그대에게 말해줄 수 없으니, 지장 스님에게 물어보게나."

학인이 서당지장西堂智藏(735~814) 스님에게 물으니, "왜 마조 스승님께 묻지 않고 여기로 왔는가?"라고 되묻습니다.

"지장 스님에게 물어보라고 하였습니다."

"나는 오늘 머리가 아파서 그대에게 말할 수 없으니, 회해 스님에게 여쭈어보게."

학인은 다시 백장회해百丈懷海(720-814) 스님을 찾아가 물으니 회해 스님은 "나도 그것은 모른다"라고 대답했습니다. '모른다'고 한 것입니다.

학인이 다시 마조 선사를 찾아가 말씀드리자 마조 선사는 "지장의 머리는 희고 회해의 머리는 검다"라고 하였습니다. 이렇듯 옛 스승들은 설명이나 방편方便보다는 바로 진리를 보여주었습니다.

서당지장 스님이나 백장회해 스님은 모두 마조도일 선사의 제자로서 대단한 선지식입니다. 서당지장 스님은 우리나라에 최초로 선법禪法을 전수받아 온 도의국사道義國師의 스승이고, 백장회해 스님은 백장청규百丈淸規를 정하여 선원 풍토를 안정시킨

분입니다.

이러한 분들이 그냥 현학적인 말을 쓰기 좋아하거나 아니면 학인들을 골려주려고 하는 말들이 아닙니다. 참으로 귀하고 귀한 말임을 알 때 '일체가 머물지 아니하여 기억할 아무것도 없도다' 하는 세계가 바로 우리 살림살이라는 것을 알게 될 것입니다. 기억이라는 게 모두 일회용이기 때문입니다.

함허득통涵虛得通(1376~1433) 선사는《금강경오가해金剛經五家解》에서 이렇게 말했습니다.

그 누가 알리요, 왕사성의 둥근달이
만고에 광명이요 영원히 멸하지 않음을.
誰知王舍一輪月
萬古光明長不滅

또 야보도천冶父道川 선사는 "나도 없고 남도 없을 때 어떠합니까?" 하고 물으니 이렇게 송을 붙였습니다.

대나무 그림자 댓돌을 쓸어도
먼지 하나 일어나지 않고
밝은 달 물속을 투과해도

물결 하나 일지 않는다

竹影掃階塵不動

月輪穿沼水無痕

《신심명》 첫 구절에 "지도무난至道無難이요, 유혐간택唯嫌揀擇
이라"한 것이 골수였다면 지금 배우는 "일체불류一切不留 무가
기억無可記憶이요, 허명자조虛明自照하야 불로심력不勞心力이로
다"는 그에 못지않은 중요한 구절입니다.

기억이라는 말에 대해 생각해봅시다. 일단 기억한다는 말은
내 마음 속에 사진이 찍혀 있다는 것으로 내 마음이 청정하지
못하다는 얘기 즉, 텅 빈 허공성이 안 되어 있다는 의미입니다.
붙들고 놓지 못하고 있다는 말입니다.

아버지라는 기억, 어머니라는 기억이 모두 일회용입니다. 전생
에 아버지 어머니를 모르는 것을 생각해보면 왜 일회용이라고
하는지 알 수 있습니다. 일체가 머물지 아니하여 기억할 아무것
도 없습니다.

바로 텅 비고 밝아 스스로 비추는 허명자조虛明自照이기 때문
입니다. 머무르는 바가 있는 기억은 모두 일회용입니다. 만약 머
무르는 바가 없는 청정공이 되면 과거, 현재, 미래의 삼세에 영원
합니다.

여기에서는 일회용이니, 영원이니 하는 것이 둘이 아닙니다.

우리가 일회용으로 태어나서 영원성이라는 《신심명》을 배운다는 것, 이것은 그야말로 백천만겁난조우百千萬劫難遭遇입니다.

삼조승찬 대사께서 문둥병이라는 통한의 기억 때문에 이조혜가 대사를 찾아가서 "스님, 저는 무슨 업 때문에, 무슨 기억 때문에 이런 극심한 죄를 받아야 합니까?" 하고 눈물로서 여쭈니 일체 머무르는 바가 없는 이조혜가 대사는 "그 죄가 어디 있는가? 가져와 보게" 하고 되묻습니다.

이 한마디에 "일체가 머물지 아니하여 기억할 아무것도 없도다" 하는 사실을 깨달은 것입니다.

虛明 / 꽃 속에 우주가 들어 있어

"허명자조虛明自照하야 불로심력不勞心力이라." 텅 비고 밝아 스스로 비추니 애써 마음 쓸 일이 아니로다, 참으로 소중한 말입니다. 텅 비면 밝게 마련이고 밝으면 스스로 비추고 있게 마련입니다. 밝음과 비춤은 둘이 아닙니다. 텅 비게 되면 아무것도 없는 허무虛無로 생각하는 경우도 있는데 전혀 그렇지 않습니다.

텅 비고 밝다는 말은 미운 마음이나 원망하는 마음 그러한 잡스러운 번뇌 망상이 하나도 없다는 것입니다. 공이라는 말입니다. 공은 나의 본래 모습입니다. 나의 본래 마음에서 보면 이 세상 모든 것이 진리 아닌 것이 없습니다. 그러니 텅 비고 밝아 항상 비추고 있다는 사실입니다.

부처님이 《아함경》에서 "이 세상이 모두 무상하고 모두가 환영"이라고 설법을 시작해 마지막 《법화경》에 와서는 "일체 모든 법이 적멸寂滅 아닌 게 없다, 즉 진리 아닌 게 없다. 수행자들이 이러한 이치를 깨달으면 내 자신이 확연한 부처임을 보게 되리라"고 했습니다.

무상하고 환영 아닌 것이 없다는 가르침과 일체 모든 법이 진리 아닌 게 없다는 가르침은 둘이 아닙니다. 알음알이로 따져본다고 하더라도 이 세상 모든 것은 도에 의해서 살아가지 않는 것이 없습니다.

한 송이 꽃이 피어나기 위해서는 먼저 씨앗이 싹이 되어 뿌리를 내려야 하고 그러려면 땅이 있어야 합니다. 그리고 물과 공기, 햇볕 등 온 우주가 다 함께 힘을 모아야 자랍니다. 한 송이 꽃 속에 온 우주가 들어 있습니다. 꽃 한 송이만이 아니라 나무 한 그루, 풀 한 포기도 또한 이와 같습니다. 새나 곤충 등 모든 생명이 다 그렇습니다.

이렇게 모든 것은 인연이 모여서 생겼기에 인연이 흩어지면 사라집니다. 이러한 이치는 사람이라고 해서 조금도 다를 바가 없습니다. 지수화풍地水火風의 사대四大가 모여 인연이 되면 태어났다가 인연이 다하면 죽는 것입니다. 그러나 그 인연법 자체는 영원합니다.

이치가 이러하기에 '연기법緣起法을 보는 자는 바로 부처를 보리라'고 한 것입니다. 그리하여 나는 물론이요, 우주 만유가 연기 공성임을 깨달은 자리가 텅 비고 밝은 자리입니다.

번뇌 망상이 몰록 소멸하면 특별한 세계가 나타나는 것이 아니라 바로 그 자리가 지혜 광명이라 스스로 비추는 것입니다. 따라서 본래 비고 밝은 자리요, 밝으면 스스로 비추나니 따로 마음 쓸 일이 아닙니다.

그러니 백 마디, 천 마디 말보다 몰록 한바탕 쉬고 볼 일입니다. 중생들이 두려워하는 죄罪라는 두려움도 본래 없다는 가르침입니다. 본래 성불의 도리를 보여주는 것입니다.

아무리 어둡고 캄캄한 밤이라도 태양이 광명을 그대로 밝히고 있다는 사실을 알면 어두움은 어두움이 아니고 나를 감싸고 있는 밝음의 다른 모습임을 알 수 있습니다. 그러한 믿음이 분명하면 텅 비고 밝아 스스로 비춘다는 '허명자조'라는 말의 무게를 느끼게 됩니다.

識情 / 생각의 주인, 생각의 노예

"비사량처非思量處라 식정난측識情難測이로다." 생각으로 헤아릴 곳이 아님이라 의식과 망정으로는 측량키가 어렵도다, 생각이라는 것은 감정이 일어나야 존재할 수 있습니다. 그런데 감정으로는 순수 공의 세계를 헤아릴 수가 없습니다

마찬가지로 의식이 끊어진 자리는 '허명자조'인데 어찌 의식이나 망정으로 측량할 수 있겠습니까. 대도는 사량으로는 알 수 없고 깨쳐야만 안다는 것입니다.

만약 죽음이 300년, 500년 동안 찾아오지 않는 사람이 있어서 그 사람이 죽을 수가 없다면 그 사람은 죽음을 엄청나게 기다릴 것입니다. 죽음이 우리에게 주어지는 마지막 선물이고 축복이라고 생각할 것입니다.

죽음에 대한 생각도 달라지듯이 삶과 죽음이 둘이 아닌 세계 또한 분명한 진리입니다. 그러니 삶과 죽음을 따로 보는 세계는 생각으로 헤아릴 수 있으나 삶이 죽음이요, 죽음이 곧 삶이라는 허명자조의 세계는 생각으로 헤아릴 수가 없습니다. 부처님 당시에도 이런 의문에 대하여 어떤 수행자가 물었습니다.

"부처님이시여, 색수상행식 즉, 이 몸이 모두 공하다면 누가 도를 닦습니까?"

부처님께서 대답했습니다.

"수행자들이여, 배고픈 이가 밥 먹고 싶은 생각이 사라져 없어져도 밥을 먹은 이는 배가 부른 이치와 같고 햇빛이 시간에 따라 아침이 점심이 되고 점심이 저녁이 되어 순간순간 사라지지만 나무와 풀과 온갖 꽃을 길러내는 것과 같으니라."

씨앗을 심을 때는 누가 가르치지도 않았는데 법의 이치에 따라 싹이 트고 열매를 맺는 이치와 같이 공 가운데 도를 닦는 것도 이와 같다는 의미입니다.

생각으로 헤아릴 곳이 아니며 의식과 망정으로 측량키 어려운 세계가 어디 멀리 있는 세계가 아닙니다. 바로 생각을 일으키는 그 자리요, 의식이나 망정을 낼 줄 아는 허명자조의 자리, 바로 그 자리입니다.

다만 생각을 일으키는 근본 뿌리를 바로 보고 몰록 무념이 되면 내 생각을 움직이는 주인이 되는 것이요, 생각 일어난 다음 감정을 따라가면 생각의 노예가 되는 것입니다.

의식과 망정 또한 이와 같습니다. 인간이 한평생 살아가면서 생각이라는 감정, 그 감정의 노예 노릇하느라고 보내버린 시간을 계산해보면 우리는 깜짝 놀랄 것입니다.

내가 내 자신의 주인 노릇한 시간은 얼마 안 되고 감정이라는 업의 종노릇한다고 낭비한 인생을 생각하면 '비사량처非思量處요 식정난측識情難測이라'는 말이 실감날 것입니다.

결국 내가 내 생각의 주인이 되었느냐, 생각의 노예로서 살고 있느냐 그 차이입니다. 생각으로 헤아릴 곳이 아닌 바로 그 놈이 말을 하고 말을 듣는 데 역력한 것입니다.

역력한 본래의 내가 잠시도 나를 떠난 일이 없다는 사실을 깨달아야 합니다. 이렇게 무념을 강조하는데도 그 사실까지 생각의 세계에서 헤아리고 있습니다. 물론 역력한 자리가 따로 있는 게 아니고 연기공성이요, 형단 없는 그 자리입니다. 그러나 저러나 역력히 보고 듣고 있지 않습니까?

의식과 망정으로 측량키 어렵습니다. 의식이 일어났거나 생각이 일어났다면 이미 역력이 아니기 때문입니다. 여기서 말하는 역력함이란 고요하고 맑아서 더 이상 더러움이 없다는 말이요, 고요 그 자체입니다.

眞如法界 無他無自
진여법계 무타무자

要急相應 唯言不二
요급상응 유언불이

깨친 진여법계는
나도 없고 남도 없음이라

재빨리 상응코자 하거든
둘 아님을 말할 뿐이로다

모양도 없고 빛깔도 없고

眞如 / 모양도 없고 빛깔도 없고

"진여법계眞如法界엔 무타무자無他無自라." 깨친 진여법계는 나도 없고 남도 없음이라. 드넓은 허공, 가없는 허공에는 내 허공, 네 허공이 따로 없습니다.

새들도, 노루도, 다람쥐도, 나무도, 꽃들도 모두 허공에 의지해서 사는 만큼 같은 고향, 같은 집에서 살고 있습니다. 나와 남이 없는 자리입니다.

소쿠리를 바다에 담그면 동그란 소쿠리에는 동그란 모양의 바닷물이 들어옵니다. 네모난 모양에는 네모난 물이 들어옵니다. 동그랗고 네모난 것이 너다 나다 하는 건데, 동그란 모양은 동그란 것이 맞다 하고 네모난 모양은 네모가 맞다 하며 고집하는데 이것이 바로 너다 나다 하며 고집부리는 생각과 같습니다.

각자 자기 그릇에서 볼 때는 동그랗다고 하고 네모라고 하지만 바닷물의 입장에서는 모양이 본래 없으니 나도 없고 남도 없는 것입니다. 바닷물 입장에서는 그냥 바닷물입니다.

모양 있는 바다도 그렇거늘 하물며 모양도 없고 빛깔도 없는 진여법계에 어찌 나와 남이 있겠습니까? 더 나아가 모양이 있느니 없느니 하는 것은 모두 우리 생각에서 비롯된 것입니다.

진여법계란 모양도 없고 빛깔도 없고 그야말로 어떤 이름도 붙을 수 없는 진리당체眞理當體입니다. 여기서 모양이 없다 하면 벌써 빗나간 것입니다.

그 자리를 간화선에서는 화두라고 합니다. 화두일념이면 그대로 허공성입니다. 허공성으로 하나가 되었다는 것은 그 하나라는 것도 없는 자리입니다. '무타무자'가 되어 원융무애한 것입니다. 그러한 대자유가 바로 진여법계입니다.

그런데 그러한 천하보배가 사람마다, 누구에게나 완전하게 갖춰져 있다는 사실이 참으로 다행한 일이요, 실로 살맛나는 일 아니겠습니까. 이러한 대진리를 가르쳐 주기 위해 49년간 부처님은 길에서 살았고 그 법을 깨달은 스승들은 진리를 위해 목숨을 바쳤습니다.

이러한 법의 등불이 삼천 년을 두고 꺼지지 않고 우리에게 전해질 수 있다는 사실은 그 무엇으로도 표현할 수 없을 만큼 희유한 일입니다.

고요한 성품이 본 고향이요
분명한 마음이 나의 집이라
옛 스님 오간 길에 홀로 드러나
영원히 꺼지지 않는 놈 대체 무엇일고
寂寂本故鄉 惺惺是我家
現前古佛路 不昧是何物

이 어떠한 물건인가? 각자가 영원히 꺼지지 않는 자기의 등불을 한번 돌아봅시다. 그 영원히 꺼지지 않는 마음의 등불을 찾아 나선 수행자가 스승을 찾아가 여쭙습니다.

"무엇이 최고 진실의 경지입니까?"

"만약 그것이 경지라고 한다면 거기에는 최고의 진실이 존재할 수가 없느니라."

수행자가 다시 물었습니다.

"밤낮없이 하루 종일 어떻게 수행해야 합니까?"

"걸음 걸음 진실을 밟으라."

이 얼마나 분명합니까. 이러한 답이 바로 등불을 꺼지지 않게 하는 길입니다. 등불만 분명하게 밝히면 진여법계라, 무타無他요 무자無自입니다.

不二 / 업이 나를 움직일 뿐

"요급상응要急相應하면 유언불이唯言不二로다." 재빨리 상응相應코자 하거든 둘 아님을 말할 뿐이로다, 여기에서 '재빨리 상응한다'는 말은 '몰록 바로 본다'는 뜻입니다. '자기를 바로 본다'는 말과 같습니다.

내가 내 스스로 자신을 버려두고 번뇌 망상이라는 도둑을 따라 다니느라 그 얼마나 많은 세월, 생사윤회를 하였습니까. 생사윤회의 길을 선택하는 것도 나요, 생사윤회를 영원히 벗어나는 대자유의 길을 선택하는 것도 바로 나입니다. 그러한 나를 운전하는 이가 어느 쪽으로 운전하고 있느냐의 문제일 뿐입니다.

다시 말해 지금 이 순간 어떤 생각이 나를 이끌고 다니고 있느냐, 아니면 연기공성으로서의 참나를 깨달아 내가 내 생각을 끌고 다니느냐의 차이입니다. 그러니 둘이 아닐 수밖에 없는 것입니다. 그것이 오직 한 생각 차이니 재빨리 상응하고자 하거든 둘 아님을 말할 수밖에 없는 것입니다.

둘이 아니라는 말은 나와 남이 둘이 아니고 있음과 없음이 둘이 아니라는 것입니다. 대립하여 통하지 못하는 상대세계를 초월하고 절대세계에 들어간 진여법계의 대자유를 말합니다. 나와 남이 없다 하니 아무것도 없이 텅텅 빈 것이라 생각하는데, 절대 그렇지 않습니다. 상대적인 나와 남이 없을 뿐입니다. 남이 곧 나이고, 내가 바로 남이 되어 하나로 통하는 진여법계의 세계를 말하고 있습니다.

손오공과 저팔계 그리고 사오정이 배를 타고 가다가 태풍을 만나 배는 부서지고 겨우 무인도에 도착하게 되었습니다. '설후시지송백조雪後始知松栢操하고 사난방견장부심事難方見丈夫心'이라고 일이 어려워지면 업이 발현하게 됩니다. 무인도에 도착하자

마자 손오공은 섬을 빠져나가려고 온 섬을 헤매고 돌아다니고, 저팔계는 계속 먹을 것만 찾아다니며 먹을 궁리만 하고, 사오정은 피곤하다며 계속 잠만 잤습니다. 각자 자기 업대로 행동하는 것입니다.

그러다가 손오공이 용케도 요술 램프를 하나 발견했는데 거기서 노인 한 분이 나오더니 각자에게 소원 한 가지씩만 들어줄 수 있다고 했습니다. 손오공은 얼른 집에 보내달라고 해서 '펑'하는 소리와 함께 집에 가게 되었고, 저팔계는 먹을 것이 풍족한 미국으로 보내달라고 해서 미국으로 가게 되었다고 합니다.

그런데 문제는 한참 자고 있던 사오정이었습니다. 노인이 사오정을 깨워 "너의 소원이 뭐냐? 빨리 말하지 않으면 나는 그냥 돌아가야 한다"고 말을 하니 사오정 하는 말이 "어! 손오공하고 저팔계 이놈들이 다 어디 갔지? 이놈들 빨리 불러줘"라고 했답니다. 사오정의 이 한 마디 소원 때문에 손오공과 저팔계는 어렵게 이룬 소원을 잃었습니다. 영문도 모른 채 다시 무인도로 불려오게 된 것입니다. 어눌한 사오정같은 인연을 만나면 이것이야말로 죽을 쑤는 격입니다.

그러나 허명자조만 되면 다시 불러들일 수가 없습니다. 헐떡거리는 마음이 손오공을 움직이고, 먹고 싶은 마음이 저팔계를 움직이는 것입니다. 그런 마음이 없으면 그 누구도 움직일 수가 없으니 빨리 상응하고자 하거든 둘이 아니라는 사실을 말할 뿐입니다.

　잘 생각해보면 업이 나를 움직일 수 있지 허명자조한 그러한
세계에서는 결코 나를 움직일 수가 없습니다.

不二皆同 無不包容
불이개동 무불포용

十方智者 皆入此宗
시방지자 개입차종

둘 아님은 모두가 같아서
포용하지 않음이 없나니

온 세상의 지혜로운 이들은
모두 이 근본으로 들어옴이라

모두 이 근본으로 들어옴이라

包容 / 진리의 세계는 모두가 한마음

"불이개동不二皆同하야 무불포용無不包容하니." 둘 아님은 모두가 같아서 포용包容하지 않음이 없다, 여기에서 '둘 아님'은 삶과 죽음, 나와 남이 둘이 아니라고 지금까지 누누이 말했습니다.

금으로 목걸이를 만들었든, 반지를 만들었든 이름만 다를 뿐 모두가 금입니다. 그러나 사람들은 목걸이나 반지라고 이름을 붙여 달리 부릅니다. 그렇지만 그 목걸이나 반지의 본질은 금이라는 것을 누구나 알듯이 진리의 세계도 깨닫고 보면 모두가 한마음이니 포용하지 않을 게 없습니다.

《유마경》에 보면 불이법문不二法門에 대해서 많은 질문들이 오갑니다. 보살들이 유마거사에게 불이법에 대해서 물으니 유마는 한 마디 말없이 묵언默言만 하였습니다. 이때 문수보살이 찬탄하며 '참으로 불이법문에 들어갔다'고 했습니다. 바로 이것입니다.

실로 미세 망상까지도 설 자리가 없는 우레 소리 같다하여 그 말없는 침묵을 일묵여뢰一默如雷라고 합니다. 본래 공한 자리에 어찌 조사와 범부가 따로 있으며 깊고 넓은 바닷물에서 강 이름을 찾을 수 있겠습니까. 결국 내가 어떤 길을 가느냐, 그것뿐입니다.

내가 아무렇게나 살아서 번뇌 망상을 따라가면 인생 내리막
길입니다. 내리막길은 여러 갈래입니다. 하지만 올라가는 길은
오직 정상 하나일 뿐입니다.

그런데 선가에서는 내려가는 놈도 그 놈이요, 올라가는 놈도
그 놈이라, 모양 있는 이 몸은 오고 가는 모양이 있으나 우주에
가득한 에너지는 오고감이 없습니다. 내려간 바도 없고 올라간
바도 없으니 둘이 아닙니다. 둘이 아니라는 말은 하나도 아니라
는 것입니다.

그러니 허공이 다 포용하듯이 포용하지 않음이 없습니다. 단
한 번뿐인 기회, 오직 지금 여기에만 존재하는 인생, 과연 우리
는 무엇을 위하여 이 세상에 왔다고 생각하십니까? '내가 누구
인가'를 깨닫기 위해 온 것입니다. 그 말은 남의 모함이나 이겨내
기 힘든 역경이나 시련들을 다 받아들이자는 것입니다. 바닷물
은 더러운 물이든 깨끗한 물이든 그냥 조건 없이 받아들여 바다
가 됩니다.

과연 이 세상에 태어나 한평생 살아가는 동안 나의 인생점수
는 얼마나 될까요? 80~90점 넘으면 자동 극락이요, 30~40점
안 되면 바로 지옥입니다. 50~60점짜리가 바로 인간으로 태어
나는 건데, 45점짜리 이것이 문제가 됩니다. 지옥으로 보내려니
점수가 조금 남고 인간으로 태어나려니 점수가 조금 모자랍니
다. 결국 그 점수 가지고는 정해진 세 집밖에는 태어날 곳이 없

다고 염라대왕이 결론을 내립니다. 첫째 집을 살펴보니 태어나자마자 부모가 돌아가셔서 고아가 되는 집이요, 둘째는 가난한 거지집이요, 마지막 셋째 집은 부모도 훌륭하고 부잣집인데 본인이 평생 가지가지 병病 속에 살아갑니다.

자기 점수가 그것뿐이라 다른 집에는 태어날 점수가 안 되니할 수 없이 셋째 집에 태어나게 됩니다. 당연히 그 사람은 평생병에 시달리며 살게 됐습니다. 그 누가 억지로 병을 갖다 맡기는게 아니라 내가 스스로 선택한 일입니다. 한평생 내가 선택한 길을 스스로 책임질 수밖에 없습니다.

此宗 / 인과와 하나가 된 삶

"시방지자十方智者가 개입차종皆入此宗이라." 온 세상의 지혜로운 이들은 모두 이 근본으로 들어옴이라, 시방의 지혜로운 이들이란 도와 하나가 된 사람들입니다. 지혜로운 이는 연기공성을 깨달은 이들이며, 그 길을 걷는 이들은 인과와 하나가 된 삶을 사는 사람들입니다.

인과란 내 삶을 스스로 책임진다는 말이기도 합니다. 《화엄경》 사구게에 '약인욕요지若人欲了知 삼세일체불三世一切佛 응관

법계성應觀法界性 일체유심조一切唯心造'라는 말이 있습니다. 지혜로운 사람이란 일체가 마음이 만든다는 유심인과唯心因果를 깨달은 이들입니다. 자신이 우주의 주인이라는 걸 믿는 사실보다 더 중요한 일은 없습니다.

인과에 대해서 좀 더 살펴보겠습니다. 인과에는 네 가지가 있는데 첫째가 동시인과同時因果입니다. 내가 만 원을 주고 물건을 사면 바로 만 원짜리 물건을 돌려받기 때문에 동시에 일어나는 인과관계입니다. 그래서 동시인과라고 합니다. 그러나 동시에 일어나는 인과는 모양이 있는 상법相法에서만 일어나는 인과입니다. 그래서 동시인과는 한계가 있는 인과입니다.

두 번째가 이시인과異時因果입니다. 오늘 사과나무를 심었는데도 그날 사과가 열리는 게 아니라 지수화풍 네 가지 인연에 의해서 나무가 자라고 꽃이 피는 과정을 거쳐 5~6년이 지나 사과가 열립니다. 악한 일을 했다고 당장 악한 과보가 오는 게 아니고 사과나무에 사과가 열리듯이 인연이 될 때 받는 인과입니다. 물론 시간과 공간이 없는 유심인과의 세계에서 보면 씨앗을 심을 때 이미 사과는 그 안에 있었습니다. 다만 우리 눈에 보이지 않을 뿐입니다. 그래서 인과동시라 할 수 있습니다.

그 다음 강약인과强弱因果입니다. 인과라고 하는 것이 물리적인 법칙이 아니고 마음의 법칙이라는 이야기입니다. 내 마음에 한 생각, 강한 생각을 내면 게으름이나 내 모자람도 얼마든지

고쳐나갈 수 있습니다. 그러나 강인한 마음이 아니라 되면 되고 말면 말고 하는 그런 마음으로는 평생을 고쳐도 자기 단점 하나 고치지 못합니다. 그러한 자기 성질을 고치고 못 고치고는 내 마음을 얼마나 강하게 쓰느냐 약하게 쓰느냐에 따라 확연히 달라진다는 뜻입니다.

매일 한 짐씩 나무를 해서 십 년 동안 나무를 쌓아놓더라도 강한 불길이 오면 한순간에 타서 없어지는 것과 같습니다. 이것이 바로 강약인과의 이치입니다. 중생으로 살아가는 모든 죄업이라는 것도 본래 내가 부처임을 확연히 믿고 정견을 세우고 강인한 실천행을 하면 죄업이 본래 없다는 사실을 깨닫게 됩니다. 그 사실을 깨닫는 순간 한순간에 천년, 만년의 죄업을 소멸시킬 수 있다는 사실이 강약인과의 이치입니다.

마지막으로 유심인과입니다. 모든 것은 마음이라는 뜻입니다. 처음이니 나중이니, 지금 일어난다느니 다음에 일어난다느니, 강하다느니 약하다느니 등 전체가 마음이 하는 그림자일 뿐입니다. 고로 일어나는 자리도 마음이요, 멸하는 자리도 마음이요, 강하다고 하는 자리도 마음이요, 약하다는 자리도 마음이니 일체 마음일 뿐입니다.

일체가 마음의 그림자였으니 결국 이 마음을 깨닫는 길이《신심명》가르침에 들어가는 길입니다.

그러한 까닭으로 시방의 지혜로운 이들은 모두 이 근본으로 들어오는 것입니다. 반드시 노력하고 노력해서 마음의 눈을 뜨고 임운등등任運騰騰 등등임운騰騰任運 태평가를 부를 수 있기를 발원합니다.

宗非促延 一念萬年
종비촉연 일념만년

無在不在 十方目前
무재부재 시방목전

非古之今 三世一念
비고지금 삼세일념

종취란 시간을 초월한 자리이니
한 생각이 만년이요

공간 또한 없음이라
시방세계가 바로 눈앞이요

예와 지금이 아니니
삼세가 다만 일념이로다

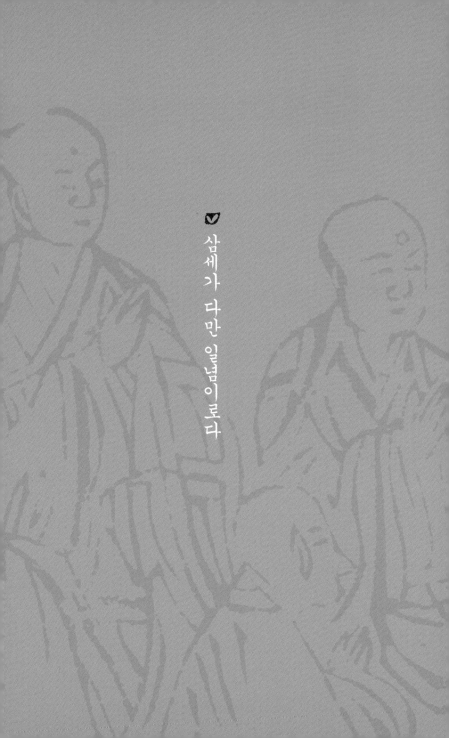

삼세가 다만 일념이로다

萬年 / 그림자가 시간이 되는 것뿐

　"종비촉연宗非促延이니 일념만년一念萬年이요." 종취宗趣란 시
간을 초월한 자리이니 한 생각이 만년萬年이다, 앞에서 말했듯
이 광명 그 자체에는 시간이 없습니다. 아침이나 저녁이라는 때
가 없고 항상 광명일뿐입니다. 태양 광명 그 자체를 보지 않고
그림자인 지구의 움직임을 보기 때문에 그 그림자가 시간이 되
는 것입니다.

　그러나 근본 종취에서는 광명이나 어두움 둘 다 초월해야 한
다고 가르치고 있습니다. 하물며 생과 사를 하나로 보는 것도 허
망한 생각이라 했으니 그러한 투철하고도 투철한 조사의 안목
에 고개가 숙여질 뿐입니다.

　영원에는 찰나와 영겁이 같은 말입니다. 그리고 무변허공無邊
虛空에는 이곳과 저 너머가 없습니다. 참된 수행자는 일체 모든
것이 환영임을 알고 오히려 그 환幻을 관하는 법으로 수행을 시
작합니다. 그 환영을 환영인 줄 아는 자는 환영이 아니라고 생
각합니다. 좀 더 나아가서 성성적적하게 되면 환영인 줄 아는 그
사람도 또한 환영이라는 사실을 깨달아 그 환영이 소멸하게 됩
니다. 성적등지惺寂等持 지관등지止觀等持입니다. 이것은 교리에
서 보는 점수漸修의 입장이고, 간화선에서는 바로 돈오무념頓悟

無念입니다.

환과 환 아님이 둘이 아니기 때문에 환영이 있을 수가 없습니다. 곧 무념이요, 무심이 되는 것입니다. 생각 자체가 끊어지고 생각 이전의 세계, 즉 모양도 빛깔도 없는 텅 빈 진여眞如의 세계를 어쩔 수 없이 무심이라고 하는 것입니다.

그래서 근본 진리인 종취는 시간을 초월한 자리이니 한 생각이 만년이라는 것입니다. 한 생각이라는 말도 생각 일어나기 이전 자리에서 보면 만년이든 일겁이든 조금도 다를 바가 없습니다.

이러한 종취에서 보면 너니 나니 하는 투쟁이 있을 수가 없고, 좋다 나쁘다 하는 분별이 있을 수가 없습니다. 참으로 대단한 진리입니다. 이러한 진리가 누구에게나 똑같이 갖추어 있다고 한 부처님의 가르침에 신심을 내지 않는다면 너무나 후회될 노릇 아니겠습니까. 누구나 본래 부처라는 완전한 진리의 보배를 일체 유정무정이 모두 알 수 있었으면 좋겠습니다.

無在 / 공간 또한 없음이라

그 다음은 "무재부재無在不在하야 시방목전十方目前이요"라고 이어집니다. 공간 또한 없음이라 시방세계가 바로 눈앞이라, 근본 진리인 종취는 시간만 없는 게 아니라 공간도 없다는 의미입니다. 사실은 공간이라는 말 자체가 성립될 수 없는데 우리가 타성에 젖어 그냥 공간이라고 하는 것입니다. 왜냐하면 텅 빈 허공에 틈이나 사이가 있을 수 없기 때문입니다. 그러니 이쪽이니 저쪽이니 하는 말은 우리가 속고 있다는 뜻입니다.

그러니 일념삼천一念三千이라는 말이 나온 것입니다. 한 생각에 삼천대천 세계가 다 들어 있다는 뜻입니다. 일념삼천이란 한 생각 속에 지옥, 아귀, 축생, 수라, 인간, 천상, 성문, 연각, 불, 보살 등 열 가지 세계, 즉 십계十界가 다 들어 있다는 것으로 천태 지의天台智顗(538~597) 선사의 법화사상法華思想입니다.

지옥 중생에게도 인간의 성품이 있을 수 있고, 인간에게도 짐승과 같은 축생의 기운이 있을 수 있습니다. 십계 안에 또 십계가 있으니 백계가 됩니다. 그 하나 하나의 세계마다 십여시十如是를 갖추고 있습니다.

십여시란 여시상如是相, 여시성如是性, 여시체如是體, 여시력如是力, 여시작如是作, 여시인如是因, 여시연如是緣, 여시과如是果, 여시보如是報, 여시본말구경등如是本末究竟等이 바로 그것입니다.

십계 안에 각각 다시 십계가 갖추어 있으니 백계요, 그 백계 속에서 각각 십여시를 갖추고 있으니 천계가 되는 것입니다. 그 천계가 삼종세간三種世間인 오음세간五陰世間과 중생세간衆生世間, 국토세간國土世間을 다 갖추고 있으니 이 셋을 곱하면 삼천이라 일념삼천이 되는 것입니다. 여기서 말하는 삼천은 숫자의 개념이 아니라 전체를 말하는 것입니다.

참고로 삼종세간은 삼종세계라고도 합니다. 용수龍樹(150?~250?) 보살이 저술한 《대품반야경大品般若經》의 주석서인 《대지도론大智度論》에서 중생세간, 국토세간, 오음세간의 셋으로 분류하고 있습니다. 중생세간은 중생 또는 유정有情 자체를 말합니다. 국토세간은 기세간器世間이라고도 하는데, 중생이 살고 있는 국토를 말합니다. 오음세간은 오온세간五蘊世間이라고도 하는데, 중생과 국토를 형성하는 요소로서의 오온, 즉 색수상행식色受想行識을 말합니다.

십여시 가운데 사람을 한번 살펴보도록 하겠습니다. 각자 모든 사람은 사람의 모양이 있어 여시상이 갖추어져 있습니다. 그 모양을 가진 사람은 자기 성질인 여시성이 있게 마련입니다. 상과 성이 합쳐지면 체體가 생겨 여시체가 됩니다. 몸체가 있으면 그에 따른 힘이 생겨 여시력이요, 힘은 작용을 일으켜서 여시작이 되고, 작용은 인을 만들고, 인은 연을 만나 과보가 따르니 여시과, 여시보가 이루어집니다. 이 모두가 처음과 끝이 모두 구경의 한자리가 되기 때문에 여시본말구경등이 되어 한 세계마다 십여시를 모두 갖추게 됩니다.

결국 여시如是는 '여如'라는 글자 하나로 돌아가게 되는 것입니다. 그 여시는 '무재부재無在不在하야 시방목전十方目前'인 것입니다. 시간과 공간이 나누어지기 이전이기에 영겁이고 일념이니 시방세계가 그냥 눈앞이 되는 것입니다. 그러한 세계가 너무나 광활하고 가없는 추상적 세계처럼 느껴지는 것은 육안으로 보는 조그마한 세계에 익숙해져 있기 때문입니다. 실상묘법實相妙法의 세계가 각자 우리 마음에서 활발발하게 살아 숨 쉬고 있는 '시방목전'의 삶이 되어야 합니다.

一念 / 언제 어디서나 신과 같이 있는 시간

이어지는 구절은 "비고지금非古之今이니 삼세일념三世一念이로다"입니다. 예와 지금이 아니니 삼세가 다만 일념이로다는 뜻입니다. 이 구절은 누락되어 있는 경우가 많습니다. 시간을 있는 것으로 보면 옛날 옛적 과거가 있고 현재와 미래가 있지만 시간 자체가 없을 때에는 예와 지금이 성립될 수가 없습니다. 삼세 즉 과거, 현재, 미래가 우리들 한 생각이라는 것입니다.

시간 개념에 대해서 좀 더 살펴보겠습니다. 하루살이는 하루가 일생이요, 매미는 여름 한철이 한평생이 됩니다.

우리가 '인디언'이라고 부르는 아메리카 원주민들은 모든 시간을 신神과 같이 살아간다고 생각합니다. 즉 우리 불자들이 볼 때 부처님과 같이 일어나고 함께 자고 있으니 둘이 아니라는 의미입니다.

그런데 서양에서 온 선교사들이 이 원주민들을 개종하려고 많은 노력을 했는데도 일요일에 교회에 나오질 않는 겁니다. 그래서 일요일은 주님을 위한 날이니 일하지 말고 교회에 와서 주님을 찬양해야 한다고 설교를 했습니다. 그런데 그 말을 들은 인디언들이 "왜 일요일만 신을 모시느냐? 당신네 신은 얼마나 바쁘기에 일요일에 한 번만 모시느냐?"고 하면서 오히려 이상하게 생각했다고 합니다.

원주민들 스스로 생각하는 신은 일하는 그 속에 항상 존재하고 밥을 먹을 때도 항상 함께하기 때문에 날마다 신을 같이 모신다고 생각합니다. 원주민들은 그렇게 살아왔습니다. 한평생 모든 삶이 신과 같이 생활하는 것입니다.

바로 그렇습니다. 부처라는 진리는 우리가 걸어 다니고 앉고 눕고 자는 이 모든 삶 속에서 항상 함께 움직이고 있습니다. 그 진리에 의해 살아가고 있다는 의미입니다. 그 사람들의 말을 빌리자면 언제 어디서나 신과 같이 있는 시간입니다.

다만 그 신에 대한 개념이 다를 뿐 진리는 항상 같을 수밖에 없습니다. 신이란 바로 내 마음입니다. 고마움의 마음이며 대자비심입니다.

페루 쿠스코시市 북서쪽에 있는 우르밤바Urbamba에서 하루

머문 적이 있습니다. 그곳에서 아주 특이한 풍습을 보았습니다. 지붕 위에 흙으로 구운 조그마한 황소 두 마리를 마주보게 하여 용마루에 올려놓은 것입니다. 집집마다 똑같이 그런 형상이 있기에 궁금하여 현지 전문가에게 물었더니, 스페인 사람들이 이곳 페루를 침략해서 식민지로 만든 뒤 황소도 같이 들여왔다고 합니다.

이곳 원주민들이 그 황소를 이용하여 일을 해보니 사람보다 몇 배 일을 더 많이 했습니다. 그리고 고기까지 먹을 수 있게 되니 고마운 마음이 간절했습니다. 그들에게 신이란 고마움이기 때문에 황소를 신으로 생각하고 용마루 중앙에 모셔 놓았다는 것입니다. 고마움이 바로 신이라는 생각이 아름답지 않습니까?

그런데 그 모습을 본 선교사들이 탐탁지 않게 여겨 "여보시오! 왜 십자가를 모시지 않고 황소를 모십니까?"라고 하니 페루 사람들이 "우리들의 신은 고마움입니다. 고마움이 극에 이르면 신이라고 합니다. 당신들의 십자가가 그렇게 도움을 주고 고맙다면 십자가도 모시지요"라고 하면서 마주 보는 황소 사이에 조그마한 십자가도 같이 세웠다고 합니다.

페루 사람들이 생각하는 신은 고마움입니다. 그 일심에는 너의 신 나의 신이 따로 없습니다. 네 종교 내 종교가 따로 없습니다. 그러하기에 부처님은 "일체一切 유정무정有情無情이 개유불성皆有佛性"이라고 했습니다. 신이나 부처는 두려움의 대상이 아닙니다. 고마움의 대상이며 언제 어디에서든지 나와 함께하는 내면의 청정淸淨입니다.

그러니 과거와 지금이 아닙니다. 과거, 현재, 미래가 바로 지금 한 생각인 것입니다. '그 한 생각 일으키는 참나는 누구인가?' 한 생각 일으키는 그 자리는 내 안에 존재하는 것도 아니요, 내 밖에 존재하는 것도 아닙니다. 온 우주 법계가 오직 이것뿐입니다.

그것을 신이라고 하든, 부처라고 하든, 마음이라고 하든 그것은 이름일뿐 이름 붙을 수 없는 참으로 청정한 진공묘유입니다. 일체가 연기공성입니다.

極小同大 忘絶境界
극소동대　망절경계

極大同小 不見邊表
극대동소　불견변표

지극히 작은 것이 큰 것과 같아서
상대적인 경계 모두 끊어지고

지극히 큰 것은 작은 것과 같아서
그 끝과 겉을 볼 수 없음이라

상대적인 경계 모두 끊어지고

境界 / 본래 벽이 없다는 한 소식

"극소동대極小同大하야 망절경계忘絶境界하고." 지극히 작은 것이 큰 것과 같아서 상대적인 경계境界가 모두 끊어진다. 지극히 작은 것은 큰 것과 같다는 말은 조그마한 티끌 속에 시방세계가 들어간다는 의미입니다. ≪화엄경≫에서는 '일미진중함시방一微塵中舍十方'이라고 했습니다. 상대적인 것이 사라지면 큰 것과 작은 것에 대한 차별이 있을 수가 없습니다. 작은 방이니 큰 방이니 하는 차이가 나는 것은 순전히 벽 하나 때문에 그렇습니다. 벽 하나만 허물면 큰 방이다, 작은 방이다 하는 이름 자체가 없게 됩니다.

벽이란 본래부터 있었던 게 아닙니다. 사람들의 필요에 의해서 잠깐 동안 설치해놓은 가설물假設物일 뿐입니다. 그렇게 볼 때 벽은 우리들 생각에 따라 움직이는 그림자에 불과합니다. 그러니까 벽은 생각에 따라 움직이는 환영이라는 의미입니다.

문제는 이러한 모든 설명이 경계를 인정하고 경계에 속을 때만 성립되는 '알음알이'라는 사실입니다. 생각이 끊어지면 경계가 사라지고 경계가 없어지면 이런 설명이 모두 군더더기일 뿐입니다. 옛 어른들은 이런 말을 '사족'이라고 했습니다. 있지도 않은 뱀의 발을 그려 넣어서 그르친다는 말입니다. 그렇기 때문에 자신의 생각만 몰록 비워버리면 크다 작다하는 분별이 없게 됩니다.

따라서 생각 속에서 생각을 떠난 세계는 모양 안에서 모양을 떠나게 됩니다. 시간과 공간을 초월한 세계이기에 양변을 초월하여 중도가 됩니다.

그러니 내가 있기에 부처도 있고 신이 있게 되는 것이지 내가 없으면 부처도 없고 신도 없습니다. 내가 신이 필요하다면 신은 내가 필요한 줄 알아야 합니다. 신은 받들어야 하는 내가 없으면 굶어 죽습니다. 신이니 부처니 하는 이름 지을 일이 없기 때문입니다. 이렇게 되어야 살아 있는 부처가 되고 살아 있는 신이 됩니다. 활발하게 살아 숨 쉬는 삶이 되는 것입니다.

거듭 사족을 붙이자면 나니 너니 구별하는 벽이 있을 때 크다 작다, 안이다 밖이다 하는 이름도 생겨납니다. 벽을 허물어버리고 텅 빈 허공에서 어떻게 크다 작다고 할 것이며 안과 밖을 구분하겠습니까.

결국 '망절경계'란 벽을 허물어버린 본래 벽이 없는 상태입니다. 그 벽을 쌓는 것도 나요, 벽을 허무는 것도 나입니다. 그렇기에 있는 벽을 허물어서 없애는 것이 아니고 본래 벽이 없다는 한 소식을 깨닫는 것입니다. 벽 속에서 벽을 떠나게 됩니다. 그러니 벽은 벽대로 두고 안도 인정하고 밖도 인정하고 하나가 되어, 가는 곳마다 주인이 되는 자리가 바로 망절경계입니다. 이러한 사실을 불교에서는 선禪이라고 합니다.

'수처작주隨處作主 입처개진立處皆眞'이라는 말은 임제 스님의 말씀으로, 가는 곳마다 주인이 되면 서 있는 자리가 모두 부처가 되어 진리 아닌 게 없다는 가르침입니다. 참으로 귀하고 귀한 말씀이라 고개가 절로 숙여집니다. 내가 본래 주인이라는 의미로, 지심至心으로 새겨들어야 할 진언입니다.

그럼에도 범부는 본래 주인임을 망각하고 번뇌 망상을 따라다니고 그것이 습관이 되고 업이 되어 끊임없이 생사윤회하고 있습니다. 업은 태양 광명 속에서 태양에 등을 돌린 어두움이라는 뜻입니다. 그러니 한 생각 뒤로 하면 어두움이고 한 생각 앞으로 돌리면 그대로 광명입니다. 실상이 이렇게도 분명하건만 주인이면서 주인 노릇 못 하는 게 안타까울 뿐입니다.

邊表 / 상과 상 아님이 둘이 아닌 사실

"극대동소極大同小하야 불견변표不見邊表라." 지극히 큰 것은 작은 것과 같아서 그 끝과 겉을 볼 수 없다. '극대동소'와는 다른 말입니다만 사람들이 큰 것을 구하는 동안에는 큰 것은 없습니다. 큰 것은 한정 없이 늘어가기 때문에 끝없이 큰 것, 큰 것 이

후 더 큰 것이 이어질 수밖에 없습니다. 결국은 큰 것을 구하는 그 마음을 쉴 때만 모든 사물 하나 하나가 모두 소중한 것이 될 수 있습니다.

지극히 크다는 것은 생각이 끊어졌다는 말과 같습니다. 알음알이의 세계가 아닙니다. 그래서 그 끝과 겉을 볼 수 없다는 말은 끝과 겉이 없다는 의미입니다. 크다 작다 분별하는 것은 한 생각 일으키는 생멸심生滅心입니다. 또 그러한 생각에 빠져 있으면 그 또한 단멸상斷滅相이 됩니다.

여기 커다란 은행나무가 있습니다. 그 은행나무가 환영이라면 그 또한 크다 작다 하는 분별입니다. 은행나무가 자라나는 원리도 연기법도 놓치게 됩니다. 환영인 줄 아는 자와 하나가 되어서 돌아가는 연기공성도 깨닫지 못하게 되고 결과적으로 단멸상에 빠지는 어리석음이 됩니다.

은행나무라는 상相을 보면서 '상대적인 모든 경계가 끊어져' 상과 상 아님이 둘이 아닌 사실을 바로 볼 때만이 '불견변표' 즉, 끝과 겉이 없다는 소식을 알게 됩니다. 그래서 《금강경》에서는 '범소유상凡所有相 개시허망皆是虛妄 약견제상비상若見諸相非相 즉견여래卽見如來'라고 한 것입니다.

인도나 중국, 미국을 가보면 넓은 땅이 무척이나 부럽게 보입니다. 그러나 한국의 땅덩어리는 너무 좁다고 하고 인도나 중국, 미국은 넓다고 하지만 달나라에서 찍어 보낸 사진이나 아니면 저 너머 우주에서 보면 넓다느니 좁다느니 하는 그 모든 나라들을 합쳐봐야 콩알보다도 더 작은 한 점에 불과합니다.

수십 개가 달린 사과나무에서 사과가 크다 작다 하지만 그 뿌리는 같은 한 그루 사과나무인 것과 같은 이치입니다. 큰 소리가 나오는 소리기관이나 작은 소리가 나오는 기관이나 같은 한 구멍이니 크다 작다 하는 분별에 너무 많이 속고 있는 것은 아닌지 항상 살펴봐야 합니다.

그뿐만 아니라 나이가 먹는다는 것도 마찬가지입니다. 늙었다거나 젊었다거나 하는 것은 겉모습일 뿐 젊은 몸을 끌고다니는 사람이나 늙은 몸을 끌고다니는 사람이나 어차피 같은 사람입니다. 팔십 세 노인이 젊은이보다 더 젊은 생각을 할 수 있고 삼십 세 젊은이도 노인의 생각일 수 있듯이 나이 자체에는 늙고 젊음이 없으니 끝과 겉이 없을 수밖에 없습니다.

마나라존자摩拏羅尊者가 학늑나존자鶴勒那尊者에게 법을 전하면서 게송으로 일러주었습니다.

마음은 모든 경계를 따라서 일어나는데
일어나는 그 자리가 그윽하나니
그 흐름에 따라 근원을 깨달으면
기쁨도 슬픔도 사라지는구나

心隨萬境轉 轉處實能幽

隨流認得性 無喜亦無憂

有即是無 無即是有
유즉시무 무즉시유

若不如此 不必須守
약불여차 불필수수

있음이 곧 없음이요
없음이 곧 있음이다

만약 이와 같지 않는다면
지켜선 안 되느니라

있음이 곧 없음이리

有無 / 업에 따라 한 생각 일어나

"유즉시무有卽是無요 무즉시유無卽是有니." 있음이 곧 없음이요, 없음이 곧 있음이라고 이어집니다. 스승이 죽비를 손에 들고물었습니다. "이것을 무엇이라고 하겠느냐? 죽비라고 하면 착着이요, 죽비 아니라고 하면 등진다." 스승들은 이와 같이 항상 근본만을 보여줍니다.

생각이 남아 있는 한 생사윤회에서 벗어날 수가 없다는 말입니다. 물론 목석같이 되어야 한다는 것은 더욱 아닙니다.

여기 담배가 한 갑 놓여 있습니다. 담배에 중독된 사람은 그담배를 보는 순간 바로 담배에 대한 생각을 일으킵니다. 어느 나라 담배인지 그 맛은 어떤지, 나아가 한 개비를 꺼내 피워보고싶은 욕망을 일으킵니다.

그러나 담배를 당초 피우지 않는 사람은 그런 생각 저런 생각이 일어나지 않습니다. 그냥 눈앞에 있는 사물 중에 하나일 뿐입니다. 한 생각 일으키는 원인은 그동안 익혀온 습관인 업 때문입니다.

이와 같이 모양 속에서 모양을 떠날 때 있다 없다는 둘이 아닙니다. 그뿐 아니라 담배라는 모양이 있든지 없든지 그 사람에게 아무런 장애가 될 수 없습니다.

마찬가지로 있다 없다 하는 현상계現象界를 판단하는 것은 바로 '나'입니다. 내가 있을 때 있다 없다라는 세계가 존재할 수 있지, 만약 판단하는 내가 없으면 크다 작다, 있다 없다 하는 것이 있을 수 없습니다.

가을에 피어 있는 쑥부쟁이, 들국화 한 송이에도 우주가 다 깃들어 있고, 아름드리 느티나무에도 꼭 같은 우주가 들어 있습니다. 역설적인 말로 들릴 수도 있겠으나 그러한 현상계를 보고 내 생각대로 되기를 바란다면 있고 없음이 생기고 반대로 내가 현상계를 따르면 크고 작음이 없이 평등합니다.

겨울이 왔을 때 겨울이란 계절에게 춥지 말라고 하면서 나에게 적당한 온도를 유지하라고 한다면 추위가 존재하게 되고, 내가 겨울에 맞추어 옷을 껴입고 난방을 하면 추위는 없어지게 됩니다. 내가 계절을 따르면 바로 여여如如요, 계절에게 나를 따르라고 하면 거슬림이 됩니다.

어렸을 적 경經을 볼 때 유마거사가 "조그만 방에 삼천대천세계를 옮겨 놓았다"고 하는 글을 보고 말도 안 되는 소리라고 생각한 때가 있습니다. 그 후 신통력이라는 세계에서는 그럴 수도 있겠다고 짐작하고 있었는데 지금 와서 생각해보면 그건 신통력이 아니라 실상 그대로요, 있는 그대로인데 우리가 육안으로 보기 때문에 볼 수 없을 뿐입니다.

좀 다른 비유이기는 하지만 CD 한 장에 수백 수천의 장서藏

書가 들어가고 손톱만 한 칩 하나에 팔만대장경이 다 들어가는 이치를 생각해보면 미루어 짐작할 수 있습니다.

그러나 여기서 말하는 요점은 그 끝과 겉을 볼 수 없는 세계, 생각이 끊어진 세계인 '망절경계'를 직접 보아야 한다는 것입니다. 그래서 옛 스승들은 "화두를 참구하는 간화선에서 동정일여 動靜一如가 되느냐, 다시 말해서 현상계와 하나가 되느냐" 하는 문제를 많이 강조했습니다.

더 나아가서 '몽중일여夢中一如 오매일여悟寐一如'를 가지고 수행을 점검했습니다. 꿈속에서 화두가 되느냐 안 되느냐를 점검하는 것이 몽중일여이며, 깊은 잠 속에서 화두가 여일하는가를 점검하는 것이 오매일여입니다.

이렇게 하는 공부 점검은 그야말로 수행과 삶이 하나가 되었느냐를 점검하는 것인데 더없이 좋은 방법입니다. 선방에 앉아서 열심히 참선하는 것은 일상생활인 현상계와 하나가 되기 위함입니다. 동정일여가 되기 위함입니다.

물론 무심삼매無心三昧에 들어가면 동정일여니 몽중일여니 하는 것을 거치지 않고도 현상계 속에서 현상계를 초월하는 도리를 깨닫고 현상계와 하나가 될 수 있습니다. 그래서 있음과 없음은 원융무애하여 '있음이 곧 없음이요, 없음이 곧 있음'이라고 한 것입니다.

須守 / 머물지 말라

"약불여차若不如此인댄 불필수수不必須守니라." 만약 이와 같지 않는다면 지켜선 안 되느니라, 여기에서 지킬 게 있다면 '머물러 있다'는 말인데 머물 수 있다면 이미 진리가 아닙니다. 진리는 지키고 말고 할 수 있는 문제가 아닙니다. 왜냐하면 지킬 수 있거나 머무를 수 있는 독립성이 있다면 이미 도가 아니고 모양이 있는 상법이기 때문입니다.

가없는 허공을 나누어서 지키거나 가지고 있을 수는 없습니다. 그와 마찬가지로 지킬 게 있다면 위에서 말하는 '이와 같지 않다'는 말입니다. 있고 없음이 둘 아닌 법이 아니면 결코 안주해서는 안 된다는 가르침입니다.

모양이 없는 허공에는 의지함이 없이 의지하기에 의지할 수 있지만 시시각각 변해가는 모양 있는 세계는 의지할 수도 없거니와 지킬 수도 없습니다.

그래서 사람은 옛사람과 지금 사람이 있지만 법에는 예전과 지금이 없습니다. 있고 없음이 둘이 아니요 예와 지금이 둘이 아니라는 말입니다.

그런 까닭에 고준한 스승이 말씀하시기를 '있다 없다의 생각이 끊어지고 색과 공도 다했으니 대낮에 도둑이 장물을 가져다 바친다'고 했습니다. 이러한 철두철미한 가르침을 생각하면 이런 글 쓰는 것 자체가 참으로 부질없는 짓입니다. 그런데 사람들은 대가를 치르지 않고 받는 것이 귀한 줄을 모릅니다.

첫 구절에 나오는 "지도무난至道無難이요 유혐간택唯嫌揀擇이니" 하는 구절에 지금까지 이야기한 내용이 모두 다 들어 있기 때문에 바로 깨달으면 아무런 대가를 치를 필요가 없습니다. 그런데도 우리는 바로 그 자리에서 깨닫거나 직접 그 자리에서 참구 수행으로 들어가지 못합니다. 하다못해 이런 글이라도 읽는 대가를 치르든지 법문을 듣는 상법을 통해서야 겨우 마음을 내고 발심을 하게 됩니다.

"지도무난이요, 유혐간택이니" 할 때 지도와 유혐간택은 둘이 아닙니다. 간택이 없으면 그냥 지극한 도라고, 스승들마다 그렇게 간절하고도 지극하게 보여주었는데도 우리는 그 엄청난 가르침까지도 알음알이 지식으로 저장시킵니다.

그러니 저장된 업식을 다시 비워야 하는 대가를 치를 수밖에 없습니다. 중생들은 대가 없는 진리의 고마움을 너무 모릅니다. 기실 공기 하나만 봐도 그렇습니다. 공기 없이는 어느 생명체도 살아남을 수가 없는데도 우리는 공기의 고마움을 실감하지 못하고 너무나 당연하게 생각합니다. 그런데도 정작 공기 자체는 고마움을 아는 사람이나 고마움을 전혀 모르는 사람이나 꼭 같이 마실 수 있게 합니다. 고맙다 아니다 즉, 있다 없다가 둘이 아니라는 얘기입니다. 이것이 바로 도의 고마움이요 대자비입니다.

이러한 대자비는 육안으로는 볼 수가 없습니다. 보는 나와 보이는 상대로 나누어져 있다면 대자비가 될 수 없습니다. 그러다 보니 대가를 치러야 받는 것으로 착각합니다.

따라서 본인이 대가를 치르니 또다른 대가를 바랍니다. 이것이 중생들이 눈으로 보고 귀로 듣는 세계 즉, 모양 있는 상법의 한계입니다. 없는 것을 있다고 고집하고 있습니다. 설령 그렇다 하더라도 땅에서 넘어진 자 땅을 짚고 일어나는 수밖에 없습니다.

눈이나 귀를 통해서 상을 보고 소리를 들을 때 그에 따른 감동이나 감정이 일어나거든요. 그 감동이 어디서 나오는가를 생각해 보십시오. 분명히 눈이나 귀에서 나오는 것은 아닙니다. 그렇다고 허공에서 나오는 것도 아닙니다.

선지식들 법문에 '사대四大로 된 이 몸이 법문을 듣는 게 아니요, 허공 또한 보고 듣는 게 아니다. 그렇다면 법문을 청하고 역력하게 법문을 듣는 놈은 과연 누구인가'라고 한 것입니다. 이것이 바로 땅을 짚고 일어서는 도리입니다.

一卽一切 一切卽一
일즉일체　일체즉일

但能如是 何慮不畢
단능여시　하려불필

하나가 곧 일체요
일체가 곧 하나이니

다만 능히 이렇게만 된다면
마치지 못할까 무엇을 걱정하랴

하나가 일체요 일체가 하나이니

一切 / 전체와 부분을 둘로 보지 않아

"일즉일체一卽一切요 일체즉일一切卽一이니." 하나가 곧 일체
요 일체가 곧 하나이니 하고 이어집니다. 하나는 작은 것을 말
하고, 일체는 커다란 전체를 말합니다. 이 몸이 법문을 듣는 게
아니라면 이 몸을 떠나서 법문을 들을 수 있습니까? 그 또한
아닙니다. 그래서 일체가 하나라고 하는 가르침이 대자비인 것
입니다.

'도'는 편법이 통하는 세계가 아니고 그냥 존재하는 그 자체이
기 때문입니다. 본다고 하는 것은 보는 자와 보이는 사물에 거리
가 있다는 말입니다. 만약 거리가 전혀 없다면 본다는 말이 성
립될 수가 없습니다.

그뿐만 아니라 마치 자기 자신의 눈을 볼 수 없듯이 보려고
하는 생각조차도 일어나지 않습니다. 물고기가 물을 보지 못하
듯 거리가 존재하지 않는 세계는 있다 없다 하는 생각이 일어나
지 않습니다. 그래서 하나가 곧 일체라고 하는 것이 그냥 하는
말이 아닙니다.

우리가 걸어 다니는 것만 해도 왼발과 오른발이 하나가 되어
야만 걸음을 걸을 수 있습니다. 우리들 육안으로 볼 때는 왼발
다르고 오른발 다르지만 발을 움직이는 에너지 입장에서는 왼발

이나 오른발이나 모두 같은 에너지가 움직이고 있습니다. 그 에너지는 누구 개인의 에너지가 아닙니다. 대지에서 나오는 음식이나 과일 또는 공기와 물이 우리 몸에 모여서 생겨나는 만큼 우주 자연과 하나일 수밖에 없습니다. 그 에너지에 어찌 이쪽이다 저쪽이다 경계가 있을 수 있으며 네 것과 내 것이 있겠습니까? 분명히 우주 자연의 에너지이건만 사람들이 내 것이라고 착각하고 고집을 부리고 있습니다.

그래서 예부터 동양에서는 그러한 에너지를 '기氣'라고 하여 모든 것을 전체로 아울러서 보려고 했고 서양에서는 따로따로 분리해서 세분화의 길을 걸어왔습니다.

그렇게 세분화해서 분석하다보니 어느 한 부분에서는 통하는데 전체에서 보면 막힙니다. 그 결과 현대인들이 총체적인 어려움 속에서 힘겨워 하는 것입니다.

21세기에 가장 큰 문제라고 하는 환경문제가 이와 같습니다. 따로따로 분리해서 보는 안목에서 인간과 환경이 따로 존재하는 것으로 생각합니다. 그러나 전체로 보는 입장에서는 환경과 인간은 하나입니다.

정신오염이 없다면 환경오염은 있을 수가 없습니다. 정신오염이 먼저 해결되어야 따라서 환경오염 문제도 해결될 텐데 정신오염을 해결하려는 노력보다는 그림자인 환경오염을 따로 해결하려니 더 더욱 어렵습니다.

정신을 건강하게 하면 인간과 환경이 하나이기 때문에 환경을 오염시킬 일이 없습니다. 환경을 오염시키는 것은 바로 자기 자신을 오염시키며 죽이는 길이기 때문입니다.

이러한 사실을 모른 채 그림자인 환경오염을 따로 해결하려니 해결되지도 않고 점점 악화되고 있습니다. 결국 인간 스스로 죽음의 길로 들어가고 있습니다.

반면 옛 선사들은 애당초 전체와 부분을 둘로 보지 않았습니다. 양변을 모두 포용하고 양변을 초월하는 직관의 세계인 중도의 길을 보여주려 했을 뿐입니다. 한 생각 일어나기 이전 소식일 뿐 한 생각 일어나면 이미 그르쳤다고, 바로 보여주었습니다. 그러니 하나가 일체요, 일체가 하나일 수밖에 없습니다.

如是 / 깨달으면 보리요 미하면 번뇌

"단능여시但能如是하면 하려불필何慮不畢이라." 다만 능히 이렇게만 된다면 마치지 못할까 무엇을 걱정하랴, 여기에서 '능히 이렇게만 된다면'이라는 이 소식이 그냥 넘어갈 일이 아닙니다. '이와 같이'라는 말은 무슨 설명을 덧붙여 하면 할수록 본질과는 더욱 멀어집니다.

언어의 길이 끊어진 소식이요 마음 갈 곳이 멸한 자리이기 때문입니다. 그래서 앞에서 '단막증애但莫憎愛하면 통연명백洞然明白이라'고 한 것입니다. 다만 사랑하는 마음과 미워하는 마음만 몰록 놓으면 바로 '이와 같이'라는 것입니다.

물론 여기에서 말하는 사랑이나 미움은 '증애심'만이 아니라 모든 시비 분별이나 일체의 '사량'을 말합니다. 그래서 선어록에서는 '만약 참선을 하고자 한다면 말이나 모든 생각에 일체 속지 말아야 한다. 오직 화두를 참구하되 생각생각 끊어지지 않게 정진하라. 행주좌와 그 어느 때나 항상 눈앞에 역력하게 부여잡고 놓지 말라. 금강과 같은 발원과 태산 같은 의지로 한 생각이 만 년에 이어지도록 하라'고 경책하고 있습니다.

도라고 하는 진리에는 사랑하고 미워함 그 자체가 없습니다. 사랑이니 미움이니 하는 말은 나와 남을 분별하는 데서 나온 말입니다. 우리 인간들이 만들어낸 단어일 뿐입니다. 우주 자연은 콩을 심으면 콩이 나고 보리를 심으면 그냥 보리가 납니다. 만약 우주 자연에 사랑과 미움이 있다면 아마도 인간들은 벌써 추방당했을 것입니다. 진리에는 선과 악이 둘이 아니기 때문에 다양한 인종 다양한 문화가 공존하는 것입니다.

절에서 아침저녁 울리는 범종 소리도 사랑하는 이나 미워하는 이나 꼭 같이 울립니다. 종소리에 차별이 없을 뿐 아니라, 종이 없으면 종소리 또한 없으니 종과 종소리 또한 둘이 아닙니다.

종에 이미 종소리가 같이 있습니다. 종은 종소리에 걸리지 않고 종소리는 종에 걸리지 않습니다. 그러나 종이 없으면 종소리가 나올 수 없습니다. 마찬가지로 종소리 없는 종은 종이 아닙니다.

학문적으로 얘기하자면 마음이라는 불성이 없이 번뇌가 나올 수가 없고 번뇌가 없으면 불성의 작용 또한 없습니다. 그래서 번뇌와 보리도 서로 걸리지 않습니다. 종소리가 종에서 나오듯이 번뇌도 보리에서 나옵니다. 둘이면서 둘이 아니고 둘 아니면서 또한 둘이 됩니다. 꼭 같은 불성이지만 깨달으면 보리요 미하면 번뇌입니다. 사랑하는 마음과 미워하는 마음도 마찬가지입니다.

결국 깨달음으로 가거나 미한 쪽으로 가는 것은 '나'입니다. 번뇌따라 내려가는 길은 습관을 따라가는 업의 길이라 몸에 익어 쉽습니다. 반대로 업을 거슬러 올라가는 길은 힘듭니다. 물론 정진이 익은 사람은 올라가는 길에 더 큰 즐거움을 얻을 것입니다.

요컨대 깨어 있으면 보리요 꿈속이면 번뇌입니다. 그러나 올라가는 길도 내려가는 길도 둘 다 꿈인 것은 마찬가지입니다. 잠에서 깨면 꿈은 없습니다. 이미 꿈이 없다면 꿈속 이야기도 없습니다. 그래서 능히 이렇게만 된다면 마치지 못할까 무엇을 걱정하겠느냐고 한 것입니다.

우리 마음의 근본 자리를 말하고 있습니다. 그런데 중생들은 일체 진리를 깨치는 노력은 아니하고 깨달음이니 성불이니 하는 것에만 매달려 있습니다. 실로 우리들이 갖고 있는 걱정들은 서 푼어치도 안 되는 것들입니다.

信心不二 不二信心
신심불이 불이신심

言語道斷 非去來今
언어도단 비거래금

믿는 마음은 둘이 아니요
둘 아님이 믿는 마음이니라

언어의 길이 끊어져
과거·미래·현재가 아니로다

언어의 길이 끊어지고

信心 / 영원한 자유, 영원한 현재

"신심불이信心不二요 불이신심不二信心이니." 믿는 마음은 둘
이 아니요 둘 아님이 믿는 마음이니라, 이 말씀을 두 손 모아 합
장하고 들어야 합니다. 우선 믿는 마음 즉, 믿음에 대해서 살펴
보겠습니다. 우리가 신神을 믿는다고 하는 믿음은 나와 신을 둘
로 보는 믿음입니다. 믿는 마음을 내는 '나'가 있고 믿어야 하는
'신'이 따로 있습니다.

여기에서 신이라고 하는 말이 어디서 나왔는지 생각해봅시다.
신만이 아니라 일체의 모든 이름은 인간이 붙여준 이름이며 만
들어낸 언어일 뿐입니다. 신이라는 개념 자체가 인간의 필요에
의해서 만들어진 것입니다. 사람들이 불안한 마음이나 두려운
마음을 의지할 곳을 찾아 고뇌하다가 사람들 자신이 신이라는
세계를 만들어낸 것입니다.

그에 반해서 《신심명》에서 말하는 '신심'은 나와 신이 둘이 아
닌 '믿음'을 말하고 있습니다. 둘이 아닌 믿음이란 생각을 일으키
는 자와 그 대상이 둘이 아니라는 사실을 깨달은 세계 즉, 전체
로서의 믿음입니다.

빛과 그림자가 하나요, 바닷물과 파도가 둘이 아니듯이 말입
니다. 그러나 이러한 비유 역시 둘이 아님을 설명하기는 부족합

니다. 그만큼 둘이 아닌 세계를 말로 설명하기가 어렵습니다. 이 세상 일체의 삼라만상이 모두 생각의 그림자이기 때문입니다.

그렇다고 눈앞에 보이던 사물이 사라졌다는 말이 아닙니다. 지금까지는 내가 있고 대상으로서의 사물이 있었는데 둘이 아님을 깨닫고 보니 대상으로서의 사물이 없어졌다는 말입니다. 나와 사물 간의 거리가 없어지고나니 전체로서의 내가 되었다는 의미입니다.

보는 자와 보는 대상이 하나가 되는 것입니다. 그렇게 되면 좋은 산이니 나쁜 산이니 하는 분별이 없어지고, 직관直觀이 됩니다. '직관'이란 좋다 나쁘다는 생각 없이 그냥 볼 뿐입니다. 이러한 직관을 아인슈타인 박사는 인간에게 주어진 거룩한 선물이라고 했습니다.

그러나 우리들 육안으로는 볼 때는 볼 뿐, 들을 때는 들을 뿐인 직관이 되지 못하고 '좋다 나쁘다'의 감정에 따라 색깔을 입히고 보게 됩니다. 있는 그대로의 사물이 아니라 내 생각이 덧씌워진 내 생각의 그림자를 보는 것입니다. 그래서 실오라기만큼이라도 믿는다는 생각이 남아 있는 믿음은 둘이 아닌 믿음이 아닙니다. 믿는다는 생각의 틈새가 전혀 없이 믿음 그 자체가 돼야 합니다.

이 말은 한 생각 일어나기 이전 무념 무심의 존재 자체를 말합니다. 그래서 믿음이 100%면 깨달음도 100%입니다. 영원한 자유, 영원한 현재입니다. 대상이 없는 '공'이라는 의미입니다. 여기서 말하는 공은 아무것도 없다는 뜻이 아니라 오히려 전체를 말합니다. 내가 따로 있다고 생각할 때는 사물 하나하나가 나의 상대성이요, 걸림돌이었는데 나 하나 없음을 깨닫고 나니 우주 전체가 그냥 존재 자체인 것입니다. 결국 《신심명》 전체가 이 한 소식 보여준 것입니다.

道斷 / 억만년 후에도 그대로라

"언어도단言語道斷하야 비거래금非去來今이로다." 언어의 길이 끊어져 과거·미래·현재가 아니라는 의미입니다.

스승들이 걸어온 길, 그 길이 다하고 나니 바로 언어의 길이 끊어지고, 마음 갈 곳을 잃었습니다. 그래서 임제할臨濟喝이 나온 것입니다.

할이란 진리라는 말이 나오기 이전의 소식입니다. 앞에서 이야기한 '불이신심'입니다. 그 사실을 부처님께서는 이렇게 말씀하셨습니다.

연기법이라는 진리는

내가 이 세상에 나오기 전에도 그대로 있었고,

내가 깨닫고 나서도 그대로요,

억만년 후에도 그대로라.

이 얼마나 고구정녕한 말씀입니까? 그러니 '영원한 현재'라고 하는 것입니다. 영원한 현재라면 현재가 영원한 걸로 생각하는 이가 있는데 전혀 그렇지 않습니다. 과거도, 미래도, 현재도 아니라는 말입니다. 과거가 없어지고, 미래도 없어지고 나니 현재도 없어졌다는 말입니다. 그냥 존재 자체이기에 부득이 '영원한 현재'라고 이름하는 것입니다.

영원한 현재가 있을 까닭이 없기에 언어도단이라, 과거·현재·미래가 아닌 것입니다.

닫는 글
직접 참구하여 깨달음을 얻어라

《신심명》 전체가 본래 부처인 우리 본질을 보여준 것이지만 《신심명》을 마무리하는 입장에서 다시 몇 구절만 살펴볼까 합니다.

첫 구절인 "지도무난至道無難이요, 유혐간택唯嫌揀擇이니" 하는 구절이나 중간에 "허명자조虛明自照하야 불로심력不勞心力이라" 하는 구절과 마지막 구절인 "신심불이信心不二요 불이신심不二信心이니" 하는 구절은 볼수록 그 깊이를 헤아릴 수가 없는 가르침입니다.

'지도무난'에서 지극한 도는 전혀 어려운 게 아니라 '좋다 나쁘다, 너다 나다' 하는 간택심과 증애심만 몰록 놓아버리면 바로

298 신심명

'그 자리'라고 했는데 그 말씀은 '나니 너니' 하는 분별심이 남아 있는 한 결코 지극한 도가 아니라는 의미입니다. 지극한 도는 전혀 어려울 것이 없는 게 진실이지만 간택심이 있는 한 지극한 도를 보기는 불가능합니다.

이러한 때에 어떻게 해야 되겠습니까? 생각이니 간택심이니, 모두가 꿈속 일이란 걸 알고 꿈에서 몰록 깨어나든지 아니면 간택심이 끊긴 무심을 위하여 피나는 정진을 하는 수밖에 없습니다.

내가 알고 있는 모든 지식, 모든 업식이 '오직 모를 뿐'인 의정독로疑精獨露가 되기 위하여 화두참선을 하라는 것입니다. 화두를 참구하는 간화선이야말로 생각의 한계를 뛰어넘는 묘약입니다.

화두란 허명자조합니다. '덕산방德山棒'이나 '임제할'이 그냥 나온 것이 아닙니다. 위로는 부처님의 은혜를 갚고 아래로는 중생을 위하는 마음이 하나가 된 '허명자조'에서 나오는 대자비라는 걸 깨달아야 합니다.

'임제할'이 나오기까지 임제 선사가 걸어온 공부 길을 짚어보겠습니다. 임제의현 선사가 젊은 시절 황벽희운 선사의 문하에서 지낼 때 그야말로 젖 먹던 힘을 다하여 정진을 했습니다.

그 당시 수좌인 목주睦州 스님이 기특하게 생각하며 임제 스님에게 물었습니다.

"스님은 여기에 있은 지 얼마나 되는가?"

"삼 년입니다."

"법에 대해 물은 적이 있는가?"

"아직 묻지 못했습니다. 도대체 무엇을 물어야 할지 모르겠습니다."

"그대는 방장 스님을 찾아 뵙고 '어떤 것이 불교의 확실한 대의입니까'라고 왜 묻지 않는가?"

임제 스님은 조실 스님을 찾아뵙고 그대로 묻습니다. 그런데 질문이 끝나기가 무섭게 30방을 내리치는 겁니다. 한 마디도 못하고 나오니 목주 스님이 다시 묻습니다.

"법을 여쭈러 간 일은 어떻게 됐는가?"

"아무 말씀 안 하시고 30방을 때리셨는데 제가 무엇을 잘못했는지 모르겠습니다."

"이 사람아, 조실 스님께서 한평생 도를 위하여 사신 어른인데 그냥 때렸겠나. 다시 한 번 가보게."

목주 스님의 격려에 임제 스님은 다시 조실 스님을 찾아갔는데 또다시 30방을 맞고 나왔습니다. 이렇게 찾아가기를 세 번, 세 번에 걸쳐 세 번 모두 30방씩 맞고 나왔으니 임제 스님의 마음이 어떠했을까요? 정말이지 죽고 싶었을 겁니다. 이런 상황에서도 옛날 어른들은 스승을 믿는 마음이 요즘 사람과는 많이 달랐습니다. 그렇게 맞고도 생각하기를 '조실 스님께서는 오로지 우리 수행자들을 위해서 사시는 어른인데 이렇게 방을 칠 때는 뭔가 이유가 있을 텐데, 내가 우둔해서 저러한 큰 자비를 받아들이지 못하는구나' 하고 생각을 합니다.

그렇게 생각한 뒤 떠날 준비를 합니다. 어디에 가서, 어떻게 해서라도 내가 누구인가를 깨닫고 와서 기필코 이 은혜를 갚겠다고 길을 나섭니다. 도를 위해서 이 한목숨 온전히 바치지 않고는 이렇게 생각하기가 어렵습니다. 그때 목주 스님이 임제 스님의 생각을 알아차리고 "그래도 조실 스님께 인사는 하고 가야한다"고 일러줍니다.

임제 스님이 조실 스님께 하직 인사를 올리자, "다른 곳으로 가지 말고, 고안에 있는 대우大愚 스님을 찾아가 보게나. 반드시 너를 위해 말씀을 해주실 것이다"라고 이르십니다.

임제 스님은 그 길로 대우 스님을 찾아가니 대우 스님이 물었습니다.

"어디서 왔는가?"

"예, 황벽 스님 문하에 있다가 왔습니다."

"황벽 스님은 법을 어떻게 쓰는가?"

"법을 어떻게 쓰는지는 모르겠고 세 차례 참방하여 세 차례나 30방을 맞았습니다. 저에게 어떤 허물이 있었는지 저는 도무지 모르겠습니다."

"과연 명불허전名不虛傳이로군. 황벽 스님이 그렇게나 자비로운 법을 쓴다는 말인가"라고 찬탄합니다.

그러자 임제 스님은 크게 깨닫게 됩니다. '허명자조虚明自照 불로심력不勞心力'의 도리를 깨달아 홀연히 소리하기를 "아이쿠, 황벽의 불법도 몇 푼어치 안 되는구나"라고 합니다. 이것이 바로 신심불이信心不二입니다.

대우 스님이 임제 스님의 멱살을 잡고 말했습니다.

"이 오줌싸개 같은 놈아, 조금 전에 허물이 있는지 없는지 따지더니 이제 도리어 황벽 스님의 불법이 몇 푼어치 안 된다니 너는 도대체 무슨 도리를 보았느냐. 빨리 말해봐."

그러자 임제 스님이 대우 스님의 옆구리를 주먹으로 세 번 쥐어박았습니다.

여기에서 거량이 끝나자, 대우 스님이 말했습니다.

"자네는 황벽 스님 법에 의해서 깨쳤네. 내가 간섭할 바가 아니다." 임제 스님은 다시 황벽 스님의 회상으로 돌아와서 그 법을 이었습니다.

이 안에 숨겨진 임제 스님의 위법망구爲法忘軀 정신이나 황벽 스님과 대우 스님께서 사람을 위하는 활발발한 그 마음은 무슨 말로도 표현할 수가 없습니다.

'지도무난'은 이렇게 해서 지도무난이 되는 것입니다. 생각이 끊긴 자리에서, 그렇게 된다면 '허명자조'는 설명이 필요 없이 그 자체가 됩니다. 텅 비면 밝음이요, 밝음이면 스스로 비춤이니 결국 말로 설명할 수 있는 세계가 아니기에 '언어도단'인 겁니다.

우리는 한평생 이름과 모양에 속고 살아갑니다. '원효 대사'
하면 우리는 원효 스님을 잘 안다고 생각합니다. 그러나 우리가
알고 있는 원효 대사는 이름일 뿐이지 원효 대사 실물이 아닙니
다. 얼굴 한 번 본 일이 없으니 당연히 원효 대사 실물을 모릅니
다. 뒷사람의 기록에 따른 내용으로 그 이름을 알 뿐인데 잘 아
는 걸로 착각합니다.

지금까지 배워온 《신심명》 또한 그렇습니다. 지극한 도라고 하
면 이미 이름일 뿐입니다. 여러 번 반복하여 강조했듯이 지극한
도는 설명하거나 이름 붙일 수가 없는 자리입니다. 직접 참구하
고 직접 체험하여 깨달아야 합니다. 왜냐하면 몰록 깨달음의 노
래가 《신심명》이기 때문입니다.

지극한 도, 내 마음 하나 깨닫지 못한 까닭으로 나고 죽는 생
사윤회 그 얼마나 헤맸습니까. 부디 《신심명》의 근본 뜻을 깨달
아서 임운등등 하시기를 발원합니다.

《신심명》 전문

至道無難 唯嫌揀擇
지도무난 유혐간택

지극한 도는 어렵지 않음이라
다만 간택함을 꺼릴 뿐이니

但莫憎愛 洞然明白
단막증애 통연명백

미워하고 사랑하지만 않으면
통연히 명백하니라

毫釐有差 天地懸隔
호리유차 천지현격

털끝만큼이라도 차이가 있으면
하늘과 땅 사이로 벌어지나니

欲得現前 莫存順逆
욕득현전 막존순역

도가 앞에 나타나길 바라거든
따름과 거슬림을 두지 말라

違順相爭 是爲心病
위순상쟁 시위심병

어긋남과 따라감이 서로 다툼은
이는 마음의 병이 됨이니

不識玄旨 徒勞念靜
불식현지 도로염정

현묘한 뜻은 알지 못하고
공연히 생각만 고요히 하려 애쓴다

圓同太虛 無欠無餘
원동태허 무흠무여

둥글기가 큰 허공과 같아서
모자람도 없고 남음도 없거늘

良由取捨 所以不如
양유취사 소이불여

취하고 버림으로 말미암아
그 까닭에 여여하지 못하도다

莫逐有緣 勿住空忍
막축유연 물주공인

있는 인연도 따르지 말고
공함에도 머물지 말라

一種平懷 泯然自盡
일종평회 민연자진

한 가지를 바로 지니면
저절로 사라져 다하리라

止動歸止 止更彌動
지동귀지 지갱미동

움직임을 그쳐 그침에 돌아가면
그침이 다시 큰 움직임이 되니

唯滯兩邊 寧知一種
유체양변 영지일종

오직 양변에 머물러 있으니
어찌 한 가지임을 알겠느냐

一種不通 兩處失功
일종불통 양처실공

한 가지에 통하지 못하면
양쪽 다 공덕을 잃으리라

遣有沒有 從空背空
견유몰유 종공배공

있음을 버리면 있음에 빠지고
공함을 따르면 공을 등지느니라

多言多慮 轉不相應
다언다려 전불상응

말이 많고 생각이 많으면
더욱더 상응치 못하게 된다

絶言絶慮 無處不通
절언절려 무처불통

말의 세계가 끊어지고 생각이 끊어지면
통하지 않는 곳이 없느니라

歸根得旨 隨照失宗
귀근득지 수조실종

근본으로 돌아가면 뜻을 얻고
비춤을 따르면 종취를 잃나니

須臾返照 勝脚前空
수유반조 승각전공

잠깐 사이 돌이켜 비춰보면
앞의 공함보다 뛰어남이라

前空轉變 皆由妄見
전공전변 개유망견

앞의 공함이 전변함은
모두 망견 때문이니

不用求眞 唯須息見
불용구진 유수식견

참됨을 구하려 하지 말고
오직 망령된 견해만 쉴지니라

二見不住 愼莫追尋
이견부주 신막추심

두 가지 견해에 머물지 말고
삼가 좇아가 찾지 말라

纔有是非 紛然失心
재유시비 분연실심

잠깐이라도 시비를 일으키면
어지러이 본마음을 잃으리라

二由一有 一亦莫守
이유일유 일역막수

둘은 하나로 말미암아 있음이니
하나마저도 지키지 말라

一心不生 萬法無咎
일심불생 만법무구

한 마음이 나지 않으면
만법의 허물이 없느니라

無咎無法 不生不心
무구무법 불생불심

허물이 없으면 법도 없고
나지 않으면 마음이랄 것도 없음이라

能隨境滅 境逐能沈
능수경멸 경축능침

주관은 객관을 따라 소멸하고
객관은 주관을 따라 가라앉는다

境由能境 能由境能
경유능경 능유경능

객관은 주관으로 말미암아 객관이요
주관은 객관으로 말미암아 주관이니

欲知兩段 元是一空
욕지양단 원시일공

양단을 알고자 할진댄
원래 하나의 공이니라

一空同兩 齊含萬象
일공동양 제함만상

하나의 공은 양단과 같아서

삼라만상을 모두 다 포함하며

不見精麤 寧有偏黨
불견정추 영유편당

세밀하고 거칠음을 보지 못하거니

어찌 치우침이 있겠는가

大道體寬 無易無難
대도체관 무이무난

큰 도는 본체가 넓어서

쉬움도 없고 어려움도 없거늘

小見狐疑 轉急轉遲
소견호의 전급전지

좁은 견해로 여우같은 의심을 내니

서둘수록 더욱 더디어진다

執之失度 必入邪路
집지실도 필입사로

집착하면 법도를 잃게 되고
반드시 삿된 길로 들어감이라

放之自然 體無去住
방지자연 체무거주

놓아버리면 본래로 되어
본체는 가거나 머무름이 없도다

任性合道 逍遙絶惱
임성합도 소요절뇌

자성에 맡기면 도에 합하여
소요하여 번뇌가 끊어졌네

繫念乖眞 昏沈不好
계념괴진 혼침불호

생각에 얽매이면 참됨에 어긋나서
혼침함이 좋지 않느니라

不好勞神 何用疎親
불호노신 하용소친

정신을 괴롭힘이 좋지 않거늘
어찌 성기고 친함을 쓸 것인가

慾趣一乘 勿惡六塵
욕취일승 물오육진

일승으로 나아가고자 하거든
육진을 싫어하지 말라

六塵不惡 還同正覺
육진불오 환동정각

육진을 싫어하지 않으면
도리어 정각과 같음이라

智者無爲 愚人自縛
지자무위 우인자박

지혜로운 자는 함이 없거늘
어리석은 사람은 스스로 얽매이도다

法無異法 妄自愛着
법무이법 망자애착

법은 다른 법이 없거늘
망령되이 스스로 애착하여

將心用心 豈非大錯
장심용심 기비대착

마음을 가지고 마음을 쓰니
어찌 크게 그릇됨이 아니랴

迷生寂亂 悟無好惡
미생적란 오무호오

미혹하면 어지러움과 고요함이 생기고
깨달으면 좋음과 미움이 없나니

一切二邊 良由斟酌
일체이변 양유짐작

모든 상대적인 두 견해는
자못 짐작하기 때문이로다

夢幻空華 何勞把捉
몽환공화 하로파착

꿈속의 허깨비와 헛꽃을
어찌 애써 잡으려 하는가

得失是非 一時放却
득실시비 일시방각

얻고 잃음과 옳고 그름을
일시에 놓아버려라

眼若不睡 諸夢自除
안약불수 제몽자제

눈에 졸음이 없으면
모든 꿈이 저절로 없어지고

心若不異 萬法一如
심약불이 만법일여

마음이 다르지 아니하면
만법이 한결같으니라

一如體玄 兀爾忘緣
일여체현 올이망연

한결같음은 본체가 현묘하여
올연히 인연을 잊는다

萬法齊觀 歸復自然
만법제관 귀복자연

만법이 다 현전함에
돌아감이 자연스럽도다

泯其所以 不可方比
민기소이 불가방비

그러한 까닭을 없이하면
견주어 비할 바가 없음이라

止動無動 動止無止
지동무동 동지무지

그치면서 움직이니 움직임이 없고
움직이면서 그치니 그침이 없다

兩既不成 一何有爾
양기불성 일하유이

둘이 이미 이루어지지 못하거니
하나인들 어찌 있을 건가

究竟窮極 不存軌則
구경궁극 부존궤칙

구경의 궁극은
정해진 법칙이 있지 않음이라

契心平等 所作俱息
계심평등 소작구식

마음이 평등한데 계합하면
짓고 짓는 바가 모두 다 쉬리라

狐疑淨盡 正信調直
호의정진 정신조직

여우같은 의심이 깨끗이 다하면
바른 믿음이 조화롭게 곧아진다

一切不留 無可記憶
일체불류 무가기억

일체가 머물지 아니하여
기억할 아무것도 없도다

虛明自照 不勞心力
허명자조 불로심력

텅 비고 밝아 스스로 비추니
애써 마음 쓸 일이 아니로다

非思量處 識情難測
비사량처 식정난측

생각으로 헤아릴 곳이 아님이라
의식과 망정으로는 측량키가 어렵도다

眞如法界 無他無自
진여법계 무타무자

깨친 진여법계는
나도 없고 남도 없음이라

要急相應 唯言不二
요급상응 유언불이

재빨리 상응코자 하거든
둘 아님을 말할 뿐이로다

不二皆同 無不包容
불이개동 무불포용

둘 아님은 모두가 같아서
포용하지 않음이 없나니

十方智者 皆入此宗
시방지자 개입차종

온 세상의 지혜로운 이들은
모두 이 근본으로 들어옴이라

宗非促延 一念萬年
종비촉연 일념만년

종취란 시간을 초월한 자리이니
한 생각이 만년이요

無在不在 十方目前
무재부재 시방목전

공간 또한 없음이라

시방세계가 바로 눈앞이요

非古之今 三世一念
비고지금 삼세일념

예와 지금이 아니니

삼세가 다만 일념이로다

極小同大 忘絕境界
극소동대 망절경계

지극히 작은 것이 큰 것과 같아서

상대적인 경계 모두 끊어지고

極大同小 不見邊表
극대동소 불견변표

지극히 큰 것은 작은 것과 같아서

그 끝과 겉을 볼 수 없음이라

有卽是無 無卽是有
유즉시무 무즉시유

있음이 곧 없음이요

없음이 곧 있음이다

若不如此 不必須守
약불여차 불필수수

만약 이와 같지 않는다면

지켜선 안 되느니라

一卽一切 一切卽一
일즉일체 일체즉일

하나가 곧 일체요

일체가 곧 하나이니

但能如是 何慮不畢
단능여시 하려불필

다만 능히 이렇게만 된다면

마치지 못할까 무엇을 걱정하랴

信心不二 不二信心
신심불이 불이신심

믿는 마음은 둘이 아니요

둘 아님이 믿는 마음이니라

言語道斷 非去來今
언어도단 비거래금

언어의 길이 끊어져

과거·미래·현재가 아니로다